# TOP 101 DES INVENTIONS DE TOUS LES TEMPS !

Faits intrigants et anecdotes sur les plus grandes inventions de l'histoire !

---

## SCOTT MATTHEWS

Copyright © 2023 Scott Matthews

Tous droits réservés. Aucune partie de cette publication ne peut être reproduite, distribuée ou transmise sous quelque forme ou par quelque moyen, y compris la photocopie, l'enregistrement ou d'autres méthodes électroniques ou mécaniques, sans l'autorisation écrite de l'éditeur au préalable, sauf dans le cas de brèves citations incorporées dans des critiques et de certaines autres utilisations non commerciales autorisées par la loi sur les droits d'auteur.

Des noms de marque apparaissent tout au long de cet ouvrage. Plutôt que d'utiliser un symbole de marque à chaque occurrence d'un nom de marque, les noms sont utilisés de manière rédactionnelle, sans intention d'enfreindre la marque du propriétaire respectif. Les informations contenues dans ce livre sont distribuées « en l'état » , sans garantie. Bien que toutes les précautions aient été prises dans la préparation de cet ouvrage, ni l'auteur ni l'éditeur ne peuvent être tenus responsables envers toute personne ou entité de toute perte ou de tout dommage causé ou prétendument causé directement ou indirectement par les informations contenues dans ce livre.

*« Plus tu lis, plus tu sauras de choses.
Plus tu apprends, à plus d'endroits tu iras. »*

*- Dr Seuss*

# Table des matières

| | |
|---|---|
| Introduction | vii |
| 1. La roue | 1 |
| 2. La presse à imprimer | 2 |
| 3. L'ampoule électrique | 4 |
| 4. Le téléphone | 5 |
| 5. La machine à vapeur | 7 |
| 6. L'avion | 9 |
| 7. L'automobile | 10 |
| 8. La cafetière | 12 |
| 9. L'appareil photo | 13 |
| 10. Le phonographe | 15 |
| 11. Le télégraphe | 17 |
| 12. L'ordinateur | 19 |
| 13. L'Internet | 21 |
| 14. La pénicilline | 22 |
| 15. Le livre | 23 |
| 16. Le feu | 25 |
| 17. Le clou | 27 |
| 18. La lentille optique | 28 |
| 19. La monnaie papier | 30 |
| 20. La poudre à canon | 32 |
| 21. L'électricité | 35 |
| 22. L'acier | 37 |
| 23. Les antibiotiques | 39 |
| 24. Le papier | 41 |
| 25. Le vaccin | 43 |
| 26. La disquette | 45 |
| 27. Le grille-pain | 47 |
| 28. Le microscope électronique | 49 |
| 29. L'IRM | 50 |
| 30. La prednisone | 51 |
| 31. Le téléphone mobile | 53 |
| 32. La machine à rayons X | 55 |
| 33. La nitroglycérine | 57 |

| | |
|---|---|
| 34. Bluetooth | 59 |
| 35. L'empreinte génétique | 61 |
| 36. Le Wi-Fi | 63 |
| 37. La seringue hypodermique | 65 |
| 38. Le GPS | 67 |
| 39. La clé USB | 69 |
| 40. Le thermomètre | 71 |
| 41. La théorie copernicienne | 74 |
| 42. Le chauffage central | 76 |
| 43. Le calendrier grégorien | 78 |
| 44. Le stimulateur cardiaque | 80 |
| 45. Le streaming en ligne | 82 |
| 46. L'insuline synthétique | 84 |
| 47. Le moteur à combustion interne | 85 |
| 48. La prothèse cochléaire | 86 |
| 49. La morphine | 88 |
| 50. Les sutures solubles | 90 |
| 51. Le laser | 92 |
| 52. Le four à micro-ondes | 93 |
| 53. L'horloge | 95 |
| 54. Le béton | 97 |
| 55. Le disque compact | 99 |
| 56. L'extincteur | 100 |
| 57. Les crampons | 102 |
| 58. La machine à laver | 104 |
| 59. Le lave-vaisselle | 106 |
| 60. L'appareil CT | 108 |
| 61. Le séquençage de l'ADN | 111 |
| 62. Les facettes en porcelaine | 113 |
| 63. Le sulfate d'albutérol | 114 |
| 64. La toilette à chasse d'eau | 116 |
| 65. Le défibrillateur cardiaque | 118 |
| 66. Le savon | 120 |
| 67. La chaîne de montage | 122 |
| 68. Le télescope | 124 |
| 69. La radio | 125 |
| 70. Les systèmes de stockage Cloud | 127 |
| 71. La machine de dialyse | 128 |
| 72. L'élimination des déchets | 130 |
| 73. Le dentifrice | 132 |
| 74. Les bibliothèques publiques | 134 |

| | |
|---|---|
| 75. L'engrais | 136 |
| 76. La thérapie EMDR | 138 |
| 77. La pasteurisation | 140 |
| 78. Le baromètre | 142 |
| 79. Le microscope | 144 |
| 80. Les chaussettes de compression | 146 |
| 81. La bombe atomique | 149 |
| 82. La messagerie texte | 151 |
| 83. La machine cardiaque pulmonaire | 153 |
| 84. Les anti-inflammatoires non stéroïdiens | 155 |
| 85. La télévision | 157 |
| 86. L'essence | 159 |
| 87. Les bêta-bloquants | 161 |
| 88. La VHS | 163 |
| 89. Les transports en commun | 164 |
| 90. La théorie de l'évolution | 166 |
| 91. La datation au carbone | 168 |
| 92. Le système de numération arabe hindou | 170 |
| 93. Le smartphone | 171 |
| 94. Le DVD | 173 |
| 95. Le réfrigérateur | 175 |
| 96. La prothèse dentaire | 177 |
| 97. Le Prozac | 179 |
| 98. Le moteur électrique | 181 |
| 99. L'appareil dentaire | 183 |
| 100. Le climatiseur | 185 |
| 101. Le calcul | 188 |

# Introduction

Depuis l'aube de l'humanité, notre parcours évolutif a été marqué non seulement par des adaptations physiques, mais aussi par une volonté incessante d'innover. Face aux défis, nous ne nous sommes pas contentés de nous adapter, nous avons inventé. Des outils de pierre rudimentaires maniés par nos premiers ancêtres aux éblouissantes technologies numériques d'aujourd'hui, notre histoire en tant qu'espèce est indissociable de notre histoire en tant qu'inventeurs.

L'histoire de l'invention humaine témoigne de notre imagination sans limite, de notre capacité à envisager un avenir meilleur et de notre ténacité à transformer ces visions en réalité. C'est un récit que l'on retrouve dans toutes les cultures, à toutes les époques et à tous les coins du monde. Qu'elle soit grandiose ou modeste, chaque invention a son histoire unique, composée de nécessité, de sérendipité et d'esprit humain.

Alors, en tournant les pages de ce tome, préparez-vous à être émerveillés par les exploits de l'humanité. En célébrant les meilleures inventions, nous célébrons ce qu'il y a de mieux chez l'être humain : notre dynamisme, notre passion et notre désir inébranlable de repousser les limites du possible.

Bien que je me sois efforcé d'englober l'ensemble des inventions importantes en puisant dans une myriade de listes et en me concentrant sur les mentions récurrentes, l'agencement est arbitraire. À vous de plonger dans ce royaume captivant de créativité et d'innovation. Bienvenue au voyage exaltant du génie humain. Embarquons !

# 1. La roue

La roue est l'une des inventions les plus importantes de l'histoire de l'humanité, car elle a permis la création de véhicules et facilité les échanges et le commerce. On pense que la roue a été inventée vers 3500 avant J.-C. dans l'ancienne Mésopotamie, et qu'elle était initialement utilisée pour fabriquer des poteries. Plus tard, elle a été adaptée au transport, et la roue est devenue un élément essentiel du char. La roue a permis de déplacer de lourdes charges plus facilement et plus rapidement, et a joué un rôle essentiel dans le développement des systèmes de transport que nous connaissons aujourd'hui. La roue a également joué un rôle crucial dans le développement des premières civilisations. Elle a permis de transporter des marchandises sur de longues distances, facilitant ainsi le commerce et l'échange d'idées. La roue a également permis de construire des bâtiments et d'autres structures plus efficacement, en permettant de déplacer des matériaux lourds. La roue est restée une invention essentielle tout au long de l'histoire, et elle est encore utilisée dans diverses applications aujourd'hui.

2. La presse à imprimer

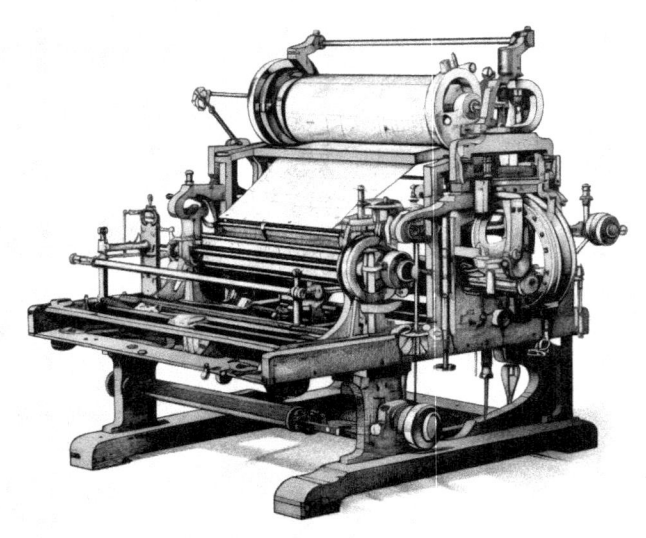

La presse à imprimer, inventée au milieu du 15e siècle par Johannes Gutenberg, a été une invention prolifique car elle a révolutionné la façon dont les informations étaient diffusées. Avant la presse à imprimer, les livres et autres documents écrits étaient produits à la main, ce qui était un processus lent et laborieux. La presse à imprimer a permis de produire des livres et d'autres documents écrits en grande quantité, rapidement et à moindre coût. La presse à imprimer a eu un impact considérable sur la société et a joué un rôle crucial dans la diffusion des connaissances et des idées. Elle a permis de produire des livres en grande quantité et de les vendre à un prix plus bas, ce qui les a rendus plus accessibles au grand public. La presse à imprimer a également permis la production en masse de pamphlets et d'autres documents, qui ont joué un rôle essentiel dans la diffusion des idées au cours du siècle des Lumières et de la Réforme protestante. La presse à imprimer a constitué une étape essentielle dans le développement de la communication de masse moderne et a contribué à faciliter la diffusion des informations et des idées à l'échelle mondiale. Elle est toujours utilisée sous diverses formes, comme l'impression offset et l'impression numérique, et continue de jouer un rôle essentiel dans la diffusion de l'information.

## 3. L'ampoule électrique

L'ampoule électrique est une invention prolifique car elle a permis d'éclairer les maisons et les entreprises, ce qui a eu un impact énorme sur la productivité et la qualité de vie. Avant l'ampoule, les gens utilisaient des bougies et des lampes à huile pour éclairer leurs maisons et leurs entreprises, ce qui était coûteux et inefficace. L'ampoule électrique a permis d'éclairer une pièce à l'aide d'un petit appareil portable, ce qui était beaucoup plus pratique et rentable. La première ampoule électrique pratique a été inventée par Thomas Edison en 1879, bien qu'il existe des prototypes et des idées d'éclairage électrique antérieurs. L'ampoule d'Edison utilisait un filament de carbone enfermé dans une ampoule de verre scellée sous vide pour empêcher le filament de brûler. L'ampoule a connu un succès immédiat et s'est rapidement répandue, changeant la façon dont les gens vivaient et travaillaient. L'ampoule est restée une invention importante et a fait l'objet de nombreux perfectionnements et améliorations au fil des ans. Aujourd'hui, les ampoules sont plus économes en énergie que jamais et sont utilisées dans diverses applications.

4. Le téléphone

Le téléphone a été une invention prolifique, car il a changé notre façon de communiquer et a ouvert de nouvelles possibilités pour les relations professionnelles et sociales. Avant le téléphone, les gens devaient se contenter de correspondre en personne ou par écrit, ce qui aurait pu être plus rapide et plus efficace. Le téléphone a permis de communiquer avec quelqu'un sur de longues distances et en temps réel, ce qui a révolutionné la façon dont nous communiquons avec les autres. Le téléphone a été inventé par Alexander Graham Bell en 1876, bien que d'autres inventeurs aient travaillé sur des technologies similaires à l'époque. Le téléphone de Bell utilisait un émetteur et un récepteur reliés par un fil pour transmettre des ondes sonores par le biais de signaux électriques. Le téléphone a connu un succès immédiat et s'est rapidement répandu, changeant la façon dont les gens communiquaient et faisaient des affaires. Le téléphone est resté une invention importante et a fait l'objet de nombreux perfectionnements et améliorations au fil des ans. Aujourd'hui, diverses technologies téléphoniques (analogique, numérique, cellulaire, satellite et smartphones) nous permettent de communiquer avec les autres à tout moment et en tout lieu.

## 5. La machine à vapeur

La machine à vapeur est une invention importante qui a joué un rôle clé dans la révolution industrielle et le développement de l'industrie moderne. La machine à vapeur utilise la vapeur pour alimenter une machine en chauffant l'eau pour produire de la vapeur, qui s'échappe ensuite par une soupape pour actionner un piston ou une turbine. James Watt a inventé la machine à vapeur au début du 18e siècle. Elle était initialement utilisée pour actionner des pompes dans les mines. Plus tard, le moteur à vapeur a été adapté aux transports, devenant un élément essentiel de la locomotive à vapeur et du bateau à vapeur. La machine à vapeur a permis d'actionner des machines en utilisant une source de carburant facilement disponible et relativement bon marché, ce qui a considérablement augmenté la productivité et facilité le développement de l'industrie moderne. La machine à vapeur a eu un impact considérable sur la société et a joué un rôle crucial dans la révolution industrielle, qui a débuté à la fin du 18e siècle et a transformé la façon dont les biens étaient produits. La machine à vapeur a permis d'alimenter les usines, ce qui a permis la production en masse de biens. Elle a facilité le développement des systèmes de transport, permettant de déplacer les biens et les personnes plus efficacement. La machine à vapeur continue d'être utilisée dans diverses applications aujourd'hui, bien qu'elle ait été largement remplacée par d'autres formes d'énergie dans de nombreuses industries.

# 6. L'avion

L'avion est un appareil conçu pour le transport aérien et propulsé dans l'air par un ou plusieurs moteurs à réaction. L'histoire de l'avion remonte au début du XXe siècle, lorsque les frères Wright ont effectué le premier vol motorisé et contrôlé à bord d'un avion. Depuis lors, l'avion est devenu un moyen de transport essentiel pour les personnes et les marchandises, car il permet de se déplacer rapidement sur de longues distances. Les avions ont également joué un rôle important dans les conflits militaires et dans l'expansion du commerce mondial. Le développement de l'avion a été stimulé par les progrès de la technologie et de l'ingénierie, notamment la mise au point de moteurs plus puissants et plus efficaces et l'utilisation de nouveaux matériaux tels que l'aluminium et les plastiques composites. L'avion a eu un impact profond sur l'humanité, car il a permis aux gens de se rendre rapidement et efficacement dans des endroits éloignés et a facilité la circulation des biens et des services dans le monde entier. L'avion a également favorisé les échanges culturels et la compréhension, en permettant à des personnes de cultures différentes de se rendre visite et d'apprendre à se connaître.

7. L'automobile

Le développement de l'automobile a été un processus graduel qui a impliqué de nombreux inventeurs et ingénieurs sur plusieurs décennies. Cependant, la première automobile pratique est généralement attribuée à l'ingénieur allemand Karl Benz, qui a construit un véhicule à essence en 1885-1886.

La première voiture de Benz, la Benz Patent-Motorwagen, était équipée d'un moteur monocylindre à quatre temps monté sur un chariot à trois roues. Elle avait une vitesse de pointe de 10 miles par heure et pouvait parcourir jusqu'à 25 miles avec un seul réservoir de carburant. Bien qu'elle n'ait pas été un succès commercial au départ, la Benz Patent-Motorwagen est reconnue comme une réalisation marquante dans l'histoire de l'automobile.

Au cours des décennies suivantes, d'autres inventeurs et ingénieurs ont apporté d'importantes contributions au développement de l'automobile, notamment Henry Ford, qui a présenté la première automobile de série abordable en 1908 avec le modèle T. Aujourd'hui, l'automobile reste un élément essentiel de la vie moderne, avec des millions de voitures et de camions sur les routes du monde entier.

## 8. La cafetière

Le café était une boisson populaire déjà bien avant l'existence de la cafetière. Avant l'invention de la cafetière, les individus devaient faire du café à l'aide de pots spéciaux. D'abord, ils broyaient les grains. Ensuite, ils les mettaient dans une casserole d'eau bouillante afin que l'eau absorbe le café moulu. Les restes étaient rassemblés dans une partie spéciale du pot. Au fil du temps, cette méthode est passée de mode. Les gens ont commencé à expérimenter le café goutte à goutte.

Cela consiste à verser de l'eau bouillante sur des grains de café qui sont maintenus par un matériau qui permet à l'eau de passer sans que les grains ne passent. Parfois, les gens utilisaient du tissu ou de vieilles chaussettes pour cela. Melitta Bentz a officiellement créé une machine pour uniformiser le processus de fabrication du café goutte à goutte en 1908, en utilisant du papier buvard pour attraper les grains.

Depuis lors, le modèle a été amélioré à plusieurs reprises dans le but de créer un produit plus facile à utiliser avec un temps d'infusion plus rapide. Cela fait du café un excellent moyen de remonter le moral d'un travailleur qui se prépare à travailler le matin.

9. L'appareil photo

Les appareils photo sont des appareils qui capturent des images fixes. Charles et Vincent Chevalier sont responsables de la création du premier appareil photo en bois, et Joseph Nicéphore Niepce a été le premier à l'utiliser pour capturer une image fixe. Les premiers appareils photo prenaient des photos en utilisant de l'iodure d'argent et de la vapeur de mercure. Ce processus prenait plusieurs heures et reposait sur l'exposition à la lumière pour créer des images. Finalement, le processus a été raccourci à trente minutes. Ensuite, il a été raccourci pour ne prendre que quelques minutes. Enfin, les photos pouvaient être prises en quelques secondes.

La photographie permettait de capturer des images avec précision et même au début, il était plus rapide de produire une photographie que de produire une peinture. Alors qu'à l'origine, seuls les photographes spéciaux avaient des appareils photo, les ménages ont commencé à acheter leurs propres appareils photo dès 1888. Rapidement après, des nouvelles entreprises sont apparues avec le seul but de développer des photos pour les familles ayant des appareils photo. Cela est devenu obsolète lorsque l'appareil photo numérique a pris le relais, permettant aux individus d'imprimer leurs propres photos.

Aujourd'hui, la plupart des téléphones portables sont équipés d'un appareil photo, mais de nombreux ménages ont encore leur propre appareil photo pour prendre des photos lors d'occasions spéciales.

## 10. Le phonographe

Imaginez un monde où la musique n'est disponible que si les individus la créent activement. C'était la seule façon dont la musique était accessible au grand public jusqu'en 1877, lorsque Thomas Edison a inventé le phonographe. Ces inventions initiales utilisaient un cylindre spécial pour produire le son. Finalement, ces cylindres ont été remplacés par des disques. L'appareil fonctionnait en frottant une aiguille contre les rainures des cylindres et des disques, provoquant des vibrations qui créaient de la musique. Un klaxon évasé a été fixé à la machine, ce qui permettait d'amplifier les sons initialement faibles à un niveau satisfaisant.

Ceci a permis aux gens de jouer de la musique à la maison, ce qui était auparavant considéré comme impossible. Certains modèles avaient même la possibilité d'y attacher des écouteurs pour une écoute plus facile, bien que les écouteurs précédents fonctionnaient de la même manière que les stéthoscopes. Au fil du temps, divers formats ont remplacé les disques vinyles et les phonographes. Cependant, ces appareils et disques vinyles sont toujours disponibles à l'achat pour les personnes qui préfèrent utiliser ce format.

## 11. Le télégraphe

Avant l'invention du télégraphe, la communication reposait sur des lettres. Cela était problématique lorsqu'il y avait un problème urgent qui nécessitait l'attention de quelqu'un qui se trouvait physiquement trop loin étant donné que les lettres peuvent arriver des jours ou des mois après leur envoi, ce qui retarde des messages importants.

Le premier télégraphe a été créé par Francis Ronalds en 1816 en utilisant l'électricité statique. Cette version du télégraphe pouvait envoyer des messages jusqu'à 13 kilomètres de distance. Cependant, son modèle n'a pas eu de succès commercial.

Le premier modèle qui a connu un succès était le système Coke et Wheatstone. Ce système était utilisé dans l'industrie des locomotives. Finalement, de plus en plus d'industries ont commencé à utiliser le télégraphe et il est même devenu accessible au grand public. Le télégraphe s'est d'abord appuyé sur le Morse comme moyen de communication des messages, mais finalement des systèmes ont été créés qui ont permis d'envoyer des messages en utilisant l'alphabet anglais normal. Eh bien, le télégraphe est maintenant une relique du passé, il a ouvert les portes à des appareils de communication ultérieurs et a changé la façon dont les humains communiquent de manière permanente.

## 12. L'ordinateur

Un ordinateur est un appareil qui peut traiter des données, effectuer des calculs et communiquer avec d'autres appareils. Les ordinateurs ont eu un impact profond sur l'humanité, car ils ont révolutionné de nombreux aspects de la vie moderne, notamment la communication, le divertissement, l'éducation et les affaires. L'histoire des ordinateurs remonte au milieu du 20e siècle, lorsque les premiers ordinateurs électroniques ont été mis au point. Ces premiers ordinateurs étaient volumineux et coûteux et étaient principalement utilisés à des fins scientifiques et militaires. Au fil du temps, les ordinateurs sont devenus plus petits, plus rapides, plus puissants, et plus largement disponibles et abordables. Le développement de l'ordinateur a été stimulé par les progrès technologiques, notamment la mise au point de nouveaux matériaux, la création de nouveaux types de matériel et de logiciels informatiques et le développement de processeurs plus puissants et plus efficaces. Aujourd'hui, les ordinateurs sont utilisés dans diverses applications, notamment dans les affaires, la médecine, le divertissement et l'éducation. En résumé, les ordinateurs ont été nécessaires à l'humanité parce qu'ils ont permis de traiter et d'analyser rapidement et précisément de grandes quantités de données, permettant aux gens de communiquer, de travailler et d'apprendre de manières différentes.

## 13. L'Internet

Internet est un réseau mondial de réseaux informatiques interconnectés qui permet la transmission de données et d'informations entre ordinateurs et autres dispositifs. Il a permis aux gens de communiquer et de partager des informations à l'échelle mondiale, et a permis le développement de nouvelles formes d'activités sociales et économiques. Internet a transformé de nombreux aspects de la vie moderne, notamment la communication, le divertissement, l'éducation et les affaires. L'histoire d'Internet remonte aux années 1960, lorsque le ministère américain de la défense a développé un réseau d'ordinateurs appelé ARPANET (Advanced Research Projects Agency Network) afin de faciliter la communication entre les chercheurs situés à différents endroits. Au fil du temps, Internet a évolué et est devenu un réseau mondial reliant des milliards de personnes et d'appareils dans le monde entier. Le développement d'Internet a été stimulé par les progrès technologiques, notamment le développement de nouveaux matériels et logiciels, la création de nouveaux protocoles de communication et l'expansion des réseaux existants.

# 14. La pénicilline

La pénicilline est un type d'antibiotique utilisé pour traiter les infections causées par des bactéries. C'est l'un des premiers antibiotiques à avoir été développé et il a eu un impact significatif sur la santé humaine. La découverte de la pénicilline est généralement attribuée à Alexander Fleming, qui a observé les propriétés antibiotiques de la moisissure Penicillium notatum en 1928. Fleming a reçu le prix Nobel de médecine en 1945 pour sa découverte, qu'il a qualifiée de « révolution dans le domaine de la médecine ». La pénicilline est efficace contre un large éventail d'infections bactériennes, notamment la pneumonie, l'angine streptococcique et les infections de la peau et des voies urinaires. Elle a sauvé d'innombrables vies et a permis de traiter des infections autrefois mortelles. Le développement de la pénicilline a constitué une étape importante dans l'histoire de la médecine et a eu un impact durable sur la santé publique. La pénicilline et d'autres antibiotiques ont considérablement réduit les taux de morbidité et de mortalité des maladies infectieuses et ont permis de traiter en toute sécurité de nombreux types d'infections.

## 15. Le livre

Les livres ont été créés comme un moyen de stocker de l'information pour une utilisation à long terme. Les érudits considèrent que les premiers livres écrits sous forme de papyrus (un type de papier fabriqué à partir d'une plante portant le même nom) sont apparus vers 4000 avant notre ère. Ces rouleaux étaient souvent longs lorsqu'ils étaient déroulés et parfois difficiles à manœuvrer lors de la lecture.

Rome a ensuite créé quelque chose appelé un codex vers 100 avant notre ère, qui est similaire à ce que nous connaissons maintenant sous le nom de livres. La seule différence est qu'ils étaient reliés en bois et que des travailleurs spéciaux appelés scribes écrivaient toutes les copies qui devaient être faites. La création du codex a permis aux gens de transporter leurs textes religieux, ce qui les a rendus faciles d'accès. Cela leur a également permis d'ouvrir leur codex sur une table et de les laisser ouverts, permettant de prendre facilement des notes. Ces livres manuscrits ont finalement conduit aux livres imprimés modernes que nous voyons aujourd'hui.

Maintenant, les livres sont généralement imprimés avec une presse à imprimer, ou stockés en ligne pour être lus comme des livres électroniques.

## 16. Le feu

Les origines exactes du feu ne sont pas connues, car le feu est antérieur à l'histoire écrite et a probablement été découvert par les premiers humains il y a des millions d'années. Cependant, il existe plusieurs théories sur la façon dont le feu a été découvert.

Selon l'une d'elles, le feu aurait été découvert par des causes naturelles, telles que la foudre ou la combustion spontanée de matériaux comme l'herbe sèche. Les premiers humains ont pu observer ces feux naturels et apprendre à les contrôler et à les maîtriser pour leurs propres besoins.

Selon une autre théorie, le feu a été découvert par l'expérimentation intentionnelle des premiers humains. Ils ont peut-être appris qu'en frottant deux bâtons l'un contre l'autre ou en frappant des pierres l'une contre l'autre, ils pouvaient créer des étincelles susceptibles d'enflammer des matériaux secs et de déclencher un feu. Une fois qu'ils ont découvert comment créer du feu, les premiers humains ont pu l'utiliser pour se réchauffer, cuisiner et se protéger.

Le feu a joué un rôle crucial dans le développement de la civilisation humaine, permettant la création d'outils, le développement de l'agriculture et l'expansion des établissements humains. Aujourd'hui, le feu reste une importante source d'énergie et un outil vital pour de nombreuses industries et activités, mais il peut aussi être une force dangereuse s'il n'est pas manipulé avec précaution.

## 17. Le clou

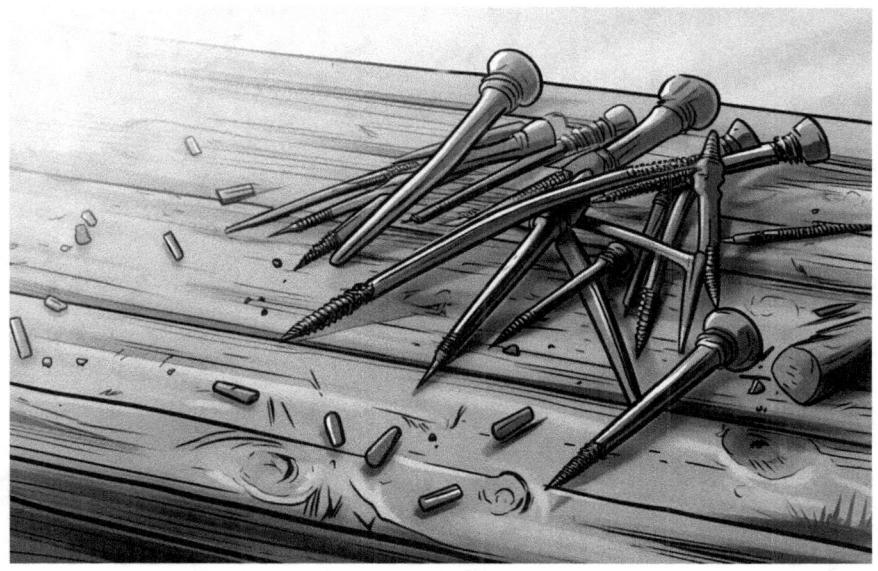

L'utilisation de clous comme éléments de fixation remonte à l'Antiquité, avec des preuves de leur utilisation dans des bâtiments et des structures datant de l'âge du bronze. Cependant, on ignore les origines exactes du premier clou et qui l'a inventé.

Les premiers clous étaient probablement fabriqués à la main à partir de bronze ou de fer, et étaient principalement utilisés à des fins décoratives ou pour fixer des planches de bois et d'autres matériaux. La production de clous s'est généralisée au Moyen Âge, lorsque les forgerons ont commencé à forger des clous en grande quantité en utilisant des techniques et des outils améliorés.

Au fil du temps, la conception et la fabrication des clous ont évolué, les progrès réalisés dans les matériaux, les procédés de fabrication et les machines permettant de produire des clous en grande quantité et avec une plus grande précision. Aujourd'hui, les clous sont fabriqués à partir de divers matériaux, dont l'acier, l'aluminium et le cuivre, et sont utilisés dans un large éventail d'applications dans la construction, le travail du bois et d'autres industries.

## 18. La lentille optique

Les origines des lentilles optiques remontent aux civilisations anciennes, avec des preuves de lentilles fabriquées à partir de cristaux polis ou de verre remontant aux anciens Égyptiens, Grecs et Romains. Cependant, la lentille optique moderne telle que nous la connaissons aujourd'hui a été mise au point au 17e siècle par un scientifique néerlandais nommé Antonie van Leeuwenhoek.

Van Leeuwenhoek était un pionnier dans le domaine de la microscopie, et on lui attribue l'invention du premier microscope à haute puissance, qu'il utilisait pour observer et étudier les micro-organismes. Il a également été le premier à développer des lentilles à très fort grossissement, en utilisant de petites billes de verre sphériques qu'il a meulées et polies à la main.

Les lentilles de Van Leeuwenhoek étaient les premières à utiliser une forme sphérique, ce qui permettait un plus grand grossissement et une plus grande clarté que les lentilles précédentes, qui étaient souvent fabriquées à partir de matériaux imparfaits et avaient une forme simple et convexe. Il a également mis au point des techniques pour meuler et polir les lentilles avec une précision extrême, ce qui a contribué à améliorer la qualité et la clarté des images produites par ses microscopes.

Aujourd'hui, les lentilles optiques sont utilisées dans un large éventail d'applications, des lunettes aux objectifs d'appareils photo en passant par les télescopes et les microscopes, et restent un outil essentiel dans de nombreux domaines scientifiques et technologiques.

## 19. La monnaie papier

La monnaie papier, également connue sous le nom de billets de banque, a été développée pour la première fois dans la Chine ancienne pendant la dynastie Tang (618-907 CE). Les premiers exemples connus de monnaie papier ont été émis au 7e siècle et étaient utilisés principalement par les marchands et les négociants, qui y voyaient un moyen plus pratique et plus sûr d'échanger des biens et des services.

L'utilisation du papier-monnaie s'est répandue dans d'autres régions d'Asie, puis en Europe et dans d'autres parties du monde. En Europe, le papier-monnaie a été introduit pour la première fois en Suède au XVIIe siècle, avant d'être adopté par d'autres pays, notamment l'Angleterre et les États-Unis.

Le développement du papier-monnaie était motivé par le besoin d'une forme de monnaie plus efficace et plus pratique que les pièces, qui pouvaient être lourdes et encombrantes à transporter en grandes quantités. Le papier-monnaie était également considéré comme une forme de monnaie plus sûre, car il pouvait être imprimé avec des motifs complexes et des caractéristiques de sécurité qui le rendaient plus difficile à contrefaire.

Aujourd'hui, la monnaie papier est utilisée dans le monde entier et est devenue un élément essentiel des économies modernes. Cependant, avec l'essor des monnaies numériques comme le bitcoin, certains experts prédisent que l'utilisation de la monnaie papier physique pourrait un jour devenir moins courante.

## 20. La poudre à canon

L'invention de la poudre à canon est attribuée à la Chine ancienne, où elle a été mise au point et utilisée à des fins militaires vers le 9e siècle de notre ère. Les origines exactes de la poudre à canon ne sont pas claires, mais on pense qu'elle a été découverte par des alchimistes à la recherche d'un élixir de vie.

La poudre à canon était initialement utilisée pour les feux d'artifice et d'autres formes de divertissement, mais on s'est vite rendu compte de ses applications militaires. Les Chinois ont commencé à utiliser la poudre à canon pour fabriquer des bombes, des fusées et d'autres armes, et la technologie s'est rapidement répandue dans d'autres régions d'Asie, puis en Europe.

Le développement de la poudre à canon a révolutionné la guerre, en rendant possible la création d'armes puissantes et destructrices pouvant être utilisées à distance. Elle a joué un rôle majeur dans de nombreuses batailles et guerres historiques, notamment les conquêtes mongoles des 13e et 14e siècles, la guerre de Cent Ans entre l'Angleterre et la France et les guerres napoléoniennes du début du 19e siècle.

Aujourd'hui, la poudre à canon est toujours utilisée dans les armes à feu et autres armes, bien que de nombreuses armes modernes utilisent d'autres formes de propulsion. Son impact sur l'histoire mondiale ne peut cependant pas être surestimé, car elle a contribué à façonner le cours de la guerre et de la technologie pendant des siècles.

## Le saviez-vous ?

Le terme « Uncanny Valley » est un concept de robotique et d'intelligence artificielle où des robots ou des personnages de type humain provoquent un sentiment de malaise ou d'inconfort lorsqu'ils deviennent presque, mais pas tout à fait, identiques aux vrais humains. Plus ils se rapprochent de l'apparence humaine, sans ressembler parfaitement à l'homme, plus ils deviennent troublants.

Plongez dans les facettes fascinantes de ce phénomène psychologique :

• Origines : Le terme a été inventé pour la première fois par le roboticien japonais Masahiro Mori en 1970. Il a remarqué qu'à mesure que les robots devenaient plus humains, les gens auraient une réponse plus émotionnelle et positive, mais seulement jusqu'à un certain point. Au-delà de ce point, la réponse deviendrait soudainement fortement négative avant de redevenir positive une fois que l'apparence serait indistinctement humaine.

• Films et animation : Les personnages CGI et animés dans les films tombent parfois dans la « Uncanny Valley », ce qui gêne le public. Un exemple est le film d'animation « The Polar Express », où certains téléspectateurs ont trouvé les expressions des personnages étranges.

• Applications réelles : Alors que les robots humanoïdes deviennent de plus en plus répandus dans des industries telles que les soins de santé et les services, il est essentiel de comprendre la « Uncanny Valley » pour s'assurer que les gens interagissent confortablement avec ces machines.

• Racines psychologiques : Certains psychologues croient que la « Uncanny Valley » puise dans notre peur primaire de la mort ou de l'absence de vie. D'autres suggèrent qu'il pourrait être enraciné dans une aversion évolutive envers les êtres qui ont l'air humains mais qui se déplacent différemment, signalant une maladie ou une menace.

## 21. L'électricité

L'électricité n'a pas été « inventée » par un seul individu, mais plutôt découverte et développée au fil du temps par un certain nombre de scientifiques et d'inventeurs.

Les Grecs de l'Antiquité connaissaient le phénomène de l'électricité statique, et les expériences sur l'électricité se sont poursuivies au Moyen Âge et à la Renaissance. À la fin du 18e siècle, Benjamin Franklin a mené des expériences célèbres sur l'électricité, dont celle du cerf-volant, dans laquelle il a fait voler un cerf-volant pendant un orage pour prouver que la foudre était une forme d'électricité.

Plus tard au 19e siècle, un certain nombre d'inventeurs ont apporté d'importantes contributions au développement de l'électricité en tant que technologie pratique. Parmi eux, Alessandro Volta, qui a inventé la batterie, et Michael Faraday, qui a découvert l'induction électromagnétique et développé le concept de champ électrique. Thomas Edison a également apporté d'importantes contributions au développement de l'électricité, notamment en inventant l'ampoule électrique et en mettant au point le premier système de distribution d'électricité.

Aujourd'hui, l'électricité est un élément essentiel de la vie moderne. Elle est utilisée pour tout alimenter, depuis les lampes et les appareils électroménagers de nos maisons jusqu'aux usines et autres industries. La découverte et le développement de l'électricité ont eu un impact profond sur la société et la technologie, et continuent d'être un domaine de recherche et d'innovation permanent.

## 22. L'acier

L'acier est produit depuis des milliers d'années, les premiers exemples remontant à l'Antiquité. Cependant, le processus moderne de fabrication de l'acier est généralement attribué à Sir Henry Bessemer, un inventeur britannique qui a mis au point un processus de production de masse de l'acier au milieu du 19e siècle.

Le procédé Bessemer consiste à souffler de l'air à travers le fer en fusion pour en éliminer les impuretés et le carbone, ce qui donne une forme de fer beaucoup plus solide et durable. Ce procédé a révolutionné l'industrie sidérurgique, en permettant de produire de grandes quantités d'acier de haute qualité à un coût bien inférieur à ce qui était possible auparavant.

Bien que le procédé Bessemer ait finalement été remplacé par d'autres procédés de fabrication de l'acier, tels que le four à ciel ouvert et le procédé à l'oxygène, il reste une étape importante dans le développement de l'industrie sidérurgique moderne. Aujourd'hui, l'acier est l'un des matériaux les plus utilisés dans le monde, avec des applications dans la construction, l'industrie manufacturière, les transports et de nombreuses autres industries.

## 23. Les antibiotiques

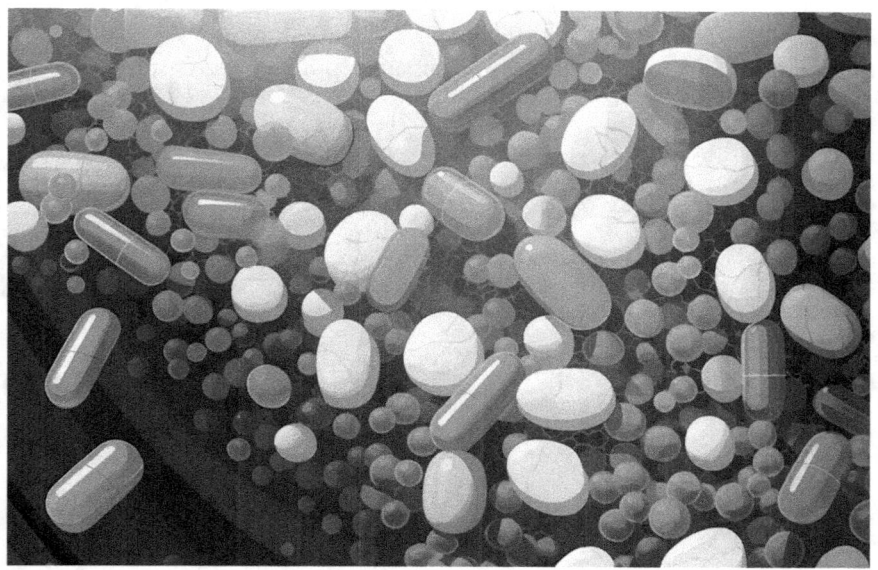

La découverte des antibiotiques est attribuée au microbiologiste écossais Alexander Fleming qui, en 1928, a observé la croissance d'une moisissure appelée Penicillium notatum dans une boîte de Pétri. Il a remarqué que la moisissure produisait une substance qui semblait inhiber la croissance des bactéries qui l'entouraient. Fleming a poursuivi ses expériences et a finalement identifié la substance produite par la moisissure comme étant la pénicilline.

Si Fleming a été le premier à observer les propriétés antibiotiques de la pénicilline, c'est une équipe de scientifiques dirigée par Howard Florey et Ernst Chain qui a développé les premières applications cliniques du médicament. Travaillant pendant la Seconde Guerre mondiale, l'équipe a produit de grandes quantités de pénicilline et a mené des essais cliniques réussis, démontrant son efficacité dans le traitement des infections bactériennes.

Le développement des antibiotiques a révolutionné le traitement des maladies infectieuses, sauvant d'innombrables vies et changeant le cours de l'histoire de la médecine. Aujourd'hui, les antibiotiques continuent d'être largement utilisés pour traiter les infections bactériennes, bien que leur utilisation excessive ait conduit à l'émergence de souches de bactéries résistantes aux antibiotiques, ce qui constitue une préoccupation croissante pour la santé publique.

## 24. Le papier

L'invention du papier est généralement attribuée aux Chinois de l'Antiquité, qui ont mis au point un procédé de fabrication du papier à partir d'écorce d'arbre et d'autres fibres végétales dès le deuxième siècle avant notre ère. Ce premier procédé de fabrication du papier demandait beaucoup de travail et consistait à piler les fibres végétales pour en faire une pâte, puis à étaler cette pâte sur un tamis pour la faire sécher.

Au fil du temps, les Chinois ont développé des méthodes plus sophistiquées pour fabriquer du papier, notamment en utilisant des moulins à eau et en introduisant de nouvelles fibres comme le bambou et l'écorce de mûrier. La connaissance de la fabrication du papier s'est finalement répandue dans d'autres parties du monde, notamment dans le monde islamique et en Europe, où elle a été développée et affinée.

Aujourd'hui, le papier est l'un des matériaux les plus utilisés dans le monde, avec des applications allant de l'impression et de l'écriture à l'emballage et à la construction. Malgré l'utilisation croissante des technologies numériques, la demande de papier reste élevée, et des efforts sont en cours pour développer des méthodes plus durables de production du papier et réduire son impact environnemental.

## 25. Le vaccin

Un vaccin est une substance qui stimule le système immunitaire et procure une immunité contre une maladie spécifique. Les vaccins sont un outil important de la santé publique, car ils peuvent contribuer à prévenir la propagation des maladies infectieuses et à réduire l'incidence des maladies et des décès. L'histoire des vaccins remonte au 18e siècle, lorsque des vaccins contre la variole ont été mis au point. La variole était une maladie très contagieuse et mortelle, et la mise au point d'un vaccin a été une réalisation importante qui a permis de contrôler et finalement d'éliminer la maladie. Depuis lors, de nombreux autres vaccins ont été mis au point pour diverses maladies, notamment la rougeole, la polio, la grippe et l'hépatite. Ces vaccins ont eu un impact considérable sur la santé publique, car ils ont contribué à contrôler et à éliminer de nombreuses maladies infectieuses et ont sauvé d'innombrables vies. Le développement des vaccins a été stimulé par les progrès de la science et de la médecine, notamment la découverte du fonctionnement du système immunitaire et l'identification des agents pathogènes à l'origine de maladies spécifiques. Aujourd'hui, les vaccins sont un élément essentiel des efforts de santé publique dans le monde entier et sont largement utilisés pour prévenir la propagation des maladies infectieuses.

26. La disquette

Aujourd'hui, la disquette est une relique du passé, le rappel le plus courant de son existence étant le symbole « enregistrer » sur la plupart des applications de texte. Cependant, lorsque les disquettes ont été inventées pour la première fois, elles ont grandement profité à la société. Ces disques étaient enfermés dans un revêtement en plastique, les protégeant des rayures accidentelles. Ils agissaient comme des dispositifs de stockage numériques et ont été créés par IBM dans les années 1960. Cependant, ils n'étaient pas disponibles dans le commerce avant les années 1970 et rapidement après, une lutte a éclaté pour produire des disquettes qui pourraient contenir plus de données tout en occupant moins d'espace physique.

Les disques originaux faisaient 20 cm de diamètre, mais au fil du temps, des disques aussi petits que 2.5 cm de diamètre ont été développés. Dans les années 1990, cependant, la taille des programmes populaires a commencé à rendre les disquettes peu pratiques car des dizaines de disquettes étaient parfois nécessaires pour installer une seule application. Cela a conduit à leur remplacement éventuel par des CD-ROM. Cependant, de 1960 à 1990, la disquette était le seul dispositif qui permettait un transfert facile des données, permettant le développement de l'histoire informatique telle que nous la connaissons.

## 27. Le grille-pain

Dans le monde moderne, le pain grillé est considéré comme l'une des options les plus faciles lors de la préparation du petit-déjeuner. Vous pouvez simplement mettre quelques tranches de pain à l'intérieur d'un grille-pain, attendre quelques instants, puis récupérer votre pain parfaitement grillé. Cependant, faire du pain grillé n'a pas toujours été un processus simple. Avant l'invention du grille-pain, les gens devaient griller des tranches de pain sur le feu avec seulement une fourchette en métal pour le maintenir en place.

Ce processus prenait beaucoup de temps et brûlait souvent les tranches de pain. Le premier grille-pain a été officiellement fabriqué en 1909 par Frank Shailor et s'appelait le modèle D-12. Il est rapidement devenu populaire et a mené à d'autres inventions telles que le « grille-pain qui tourne du pain grillé » de Copeman Electric Stove Company, qui permettait à une personne de faire du pain grillé sans avoir à le retourner à la main. Plus tard, en 1921, Charles Strite a créé le grille-pain pop-up que nous trouvons couramment dans la plupart des cuisines.

Maintenant, faire du pain grillé est aussi simple que de placer quelques tranches de pain et d'attendre, ce qui en fait un aliment rapide et nutritif pour le petit-déjeuner.

## 28. Le microscope électronique

Depuis l'invention du microscope, la société a grandement bénéficié de la possibilité de voir de petites choses à plus grande échelle. Cependant, le microscope commun avait plusieurs limites, en particulier dans le domaine du grossissement et de la clarté. La réponse à cette question a été la création du microscope électronique, qui utilise un faisceau d'électrons pour éclairer les objets étudiés. En réalité, plusieurs pièces qui constituent le microscope électronique avaient déjà été créées des années avant que le microscope électronique ne soit inventé.

Ce n'est qu'en 1928 que l'appareil a été créé par Max Knoll et Ernst Ruska à l'Université technique de Berlin. Depuis lors, plusieurs types de microscope ont été développés. Actuellement, ces microscopes sont les plus utilisés pour observer les micro-organismes et les cellules individuelles. Cela les rend utiles pour les diagnostics médicaux et pour le contrôle de la qualité industrielle, un vrai atout pour un monde plus sûr et meilleur.

## 29. L'IRM

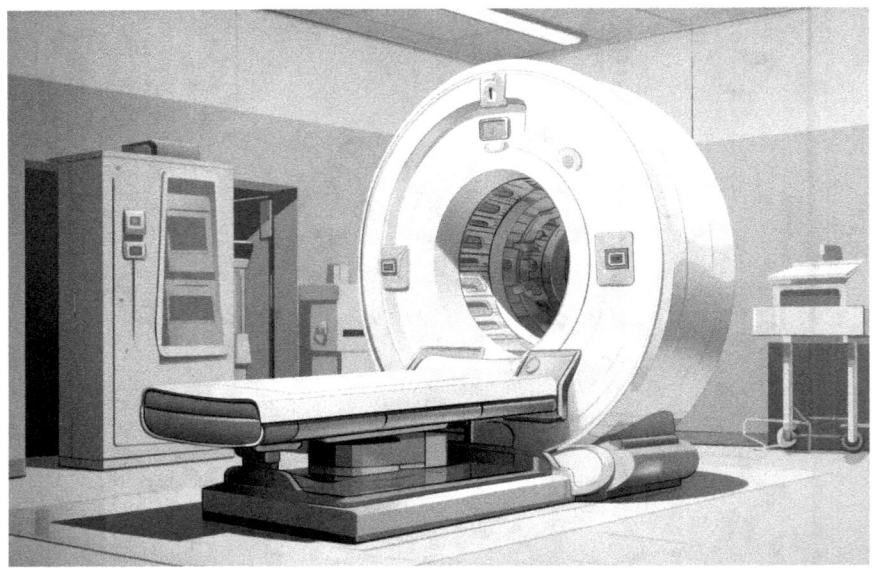

L'appareil d'IRM (Imagerie par Résonance Magnétique) est un équipement médical couramment utilisé à des fins de diagnostic et de recherche. L'appareil a été créé en 1960, mais sa véritable valeur ne sera pas réalisée avant quelques années. Une décennie plus tard, l'utilisation de l'IRM dans le diagnostic d'une variété de maladies a été reconnue. L'appareil utilise des aimants et des ondes radio pour générer des images de l'intérieur du corps d'une personne, permettant aux médecins de voir des parties qui ne sont pas visibles de l'extérieur.

Pour que les images puissent être prises, les patients sont placés dans un long tube, et bien que certains le trouvent inconfortable, cela en vaut globalement la peine pour la clarté des tissus mous. Les IRM sont utilisées pour dépister le cancer, diagnostiquer les affections cérébrales, vérifier les anomalies cardiaques et effectuer une variété d'autres dépistages vitaux. D'innombrables vies ont été sauvées grâce à cet appareil depuis son invention, et il continue d'être l'un des outils de diagnostic les plus importants en médecine.

## 30. La prednisone

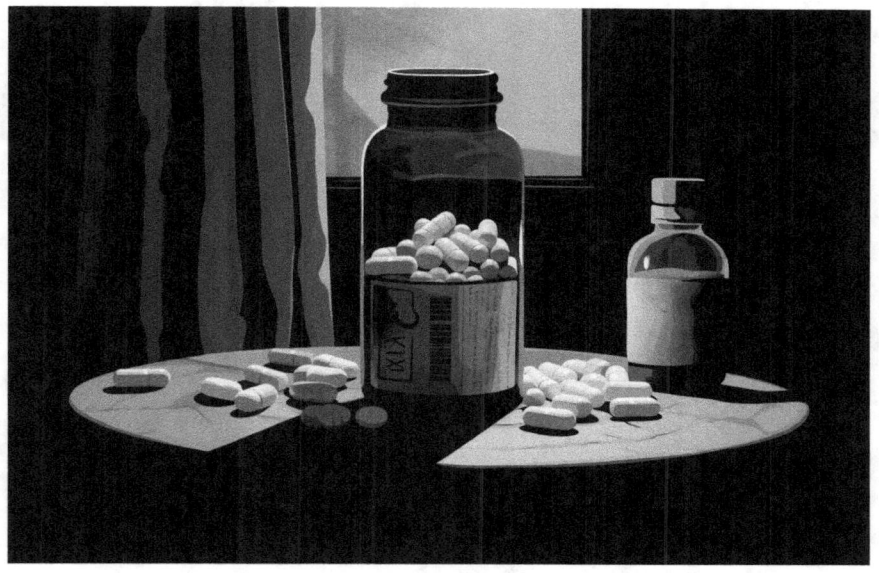

La prednisone est un médicament utilisé pour arrêter l'inflammation dans le corps et pour supprimer le système immunitaire. Il est souvent considéré comme un stéroïde et est le plus souvent connu pour son utilisation dans le traitement des infections des voies respiratoires supérieures qui provoquent des réponses inflammatoires dans le corps. Cependant, le médicament est plus important que cela. La prednisone était un traitement vital pour une variété de maladies, dont la plupart de nature auto-immune comme l'asthme et l'arthrite.

Actuellement, il est utilisé pour traiter une variété de maladies allant des migraines au lymphome de Hodgkin. Il est également utilisé pour supprimer le système immunitaire après les greffes d'organes afin de réduire les chances que le corps rejette le nouvel organe. Le médicament a été créé en 1955 par Arthur Nobile et la Schering Corporation. Bien que la liste des effets secondaires de l'utilisation de ce médicament à long terme inquiète certains, les avantages l'emportent largement sur les risques pour la plupart des personnes qui le prennent et sa création a permis une vie plus longue et plus saine chez beaucoup.

## 31. Le téléphone mobile

Lorsque le téléphone a été créé initialement, les gens ne pouvaient s'appeler qu'à la maison, dans les sociétés qui permettaient l'utilisation de leur ligne téléphonique d'affaires ou dans les cabines téléphoniques publiques qui coûtaient souvent de l'argent. Au départ, ce n'était pas un problème car auparavant, les gens ne pouvaient pas se contacter aussi facilement. La vie pré-téléphonique reposait sur les lettres et le bouche à oreille, ainsi que sur l'utilisation occasionnelle de télégrammes. Pourtant, au début des années 1970, les appels à une option plus portable sont devenus courants. En 1973, Martin Cooper a inventé le premier téléphone mobile, qu'il a présenté au public.

Cependant, le téléphone mobile ne pouvait même pas être utilisé jusqu'au lancement du premier réseau mobile en 1979. En 1983, le produit est finalement devenu disponible sur le marché. Depuis lors, l'utilisation du téléphone mobile a augmenté rapidement, permettant aux gens de parler de n'importe où dans le monde. De plus, des progrès ont été réalisés, permettant de créer des appareils plus compacts, avec plus de fonctionnalités, et avec une durée de vie de batterie plus longue. Eh bien, les téléphones cellulaires modernes ne ressemblent en rien à ces premiers modèles mais ils conservent tous la capacité de passer des appels, quel que soit la localisation de l'utilisateur.

## 32. La machine à rayons X

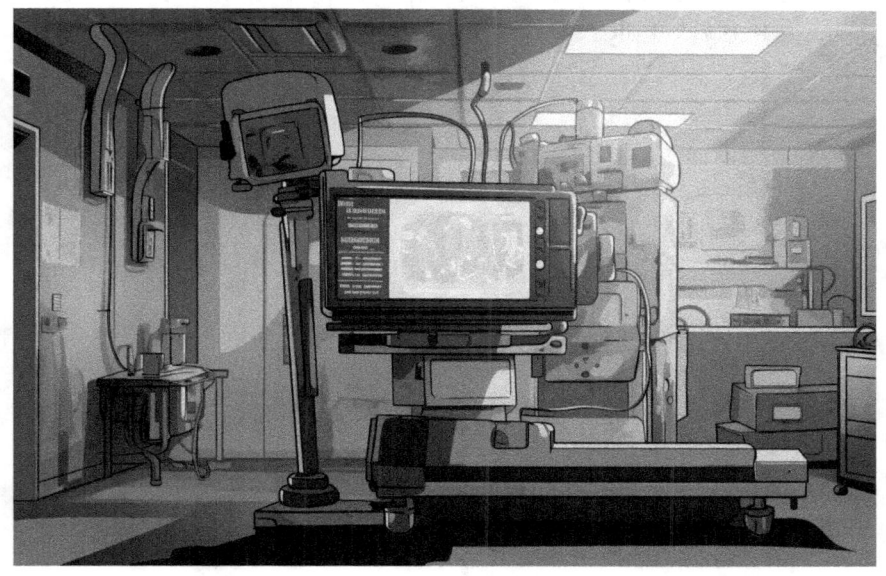

Les machines à rayons X sont des machines créées à partir de deux parties : un générateur de rayons X et un détecteur de rayons X. Ces machines ont une variété d'utilisations, notamment dans les milieux médicaux et de sécurité. Les rayons X ont été découverts par accident en 1895 par le scientifique Wilhelm Conrad Rontgen. Il a découvert que les rayons pouvaient traverser de nombreux types de matériaux, y compris des corps humains. Cela a mené à leur utilisation pour les diagnostics, en commençant par les médecins qui les utilisaient pour trouver des balles à l'intérieur des gens durant la guerre.

En médecine moderne, les rayons X sont utilisés par les radiologues pour diagnostiquer une variété de maladies. Ils sont surtout connus pour être utilisés pour vérifier les fractures, mais ils sont également utiles pour vérifier certains types de cancer, les maladies pulmonaires telles que la pneumonie et les problèmes intestinaux tels que les occlusions intestinales. Les agents de sécurité peuvent utiliser un type similaire d'appareil à rayons X pour vérifier les objets qu'une personne dissimule, ce qui leur permet de confisquer tout objet inquiétant avant qu'une personne n'entre dans un endroit sécurisé. L'utilisation médicale et sécuritaire de cet appareil a aidé la société à devenir un endroit plus sûr.

## 33. La nitroglycérine

La nitroglycérine est une substance unique dans le sens qu'elle a été extrêmement utile à la fois comme explosif et comme médicament. Elle a été créée par Ascario Sobrero en 1847, et bien qu'il ait prévenu de sa puissance, elle est rapidement devenue un explosif populaire. Le composant a été à la fois d'une grande aide et d'un obstacle à ses débuts, car il a permis à l'exploitation minière et à la création de chemins de fer de se produire rapidement, mais il a également causé un grand nombre de tragédies en raison d'utilisations et de stockages inappropriés.

William Murrell a changé la façon dont nous utilisons le composant en 1878, le trouvant utile pour traiter l'angine de poitrine (un type de douleur thoracique liée au cœur). Lorsqu'elle est prise dans le corps, la nitroglycérine crée de l'oxyde nitrique qui aide la pression artérielle et la dilatation des vaisseaux sanguins. Au fil du temps, d'autres nitrates ont été découverts avec des effets similaires, fournissant une nouvelle voie de traitement pour les maladies cardiaques. Ces médicaments permettent aux personnes atteintes d'angine de poitrine et de certains types d'insuffisance cardiaque de profiter de la vie et de rester actives malgré leurs conditions, créant une société plus heureuse.

## 34. Bluetooth

Bluetooth est un type de communication sans fil qui permet à deux appareils situés dans la même zone de se connecter l'un à l'autre. Ces appareils fonctionnent via des ondes radio à haute fréquence. Les appareils Bluetooth ont tous une puce spéciale à l'intérieur d'eux qui leur permet d'envoyer ces ondes radio et de lire les ondes radio provenant d'autres appareils Bluetooth. Ce type de communication sans fil a été inventé en 1989 par Nils Rydbeck, travailleur chez Ericsson Mobile, et il a rapidement gagné du terrain avec la découverte de nouvelles utilisations de la technologie.

Initialement, la technologie Bluetooth était principalement utilisée pour connecter les téléphones à des casques spéciaux qui permettaient aux gens de parler au téléphone sans utiliser leurs mains. Peu de temps après, Bluetooth était également utilisé pour permettre aux téléphones de se connecter aux systèmes de haut-parleurs de voiture. Au fur et à mesure du progrès de la technologie, on trouve d'autres utilisations de Bluetooth.

Bluetooth est maintenant utilisé pour connecter les téléphones aux haut-parleurs, aux caméras et même aux systèmes de verrouillage des portes. La plupart des consoles de jeu utilisent également la technologie pour connecter les contrôleurs aux systèmes de jeu. La technologie Bluetooth continuera probablement de progresser grâce à l'augmentation du besoin de communication à courte distance entre les appareils ménagers.

## 35. L'empreinte génétique

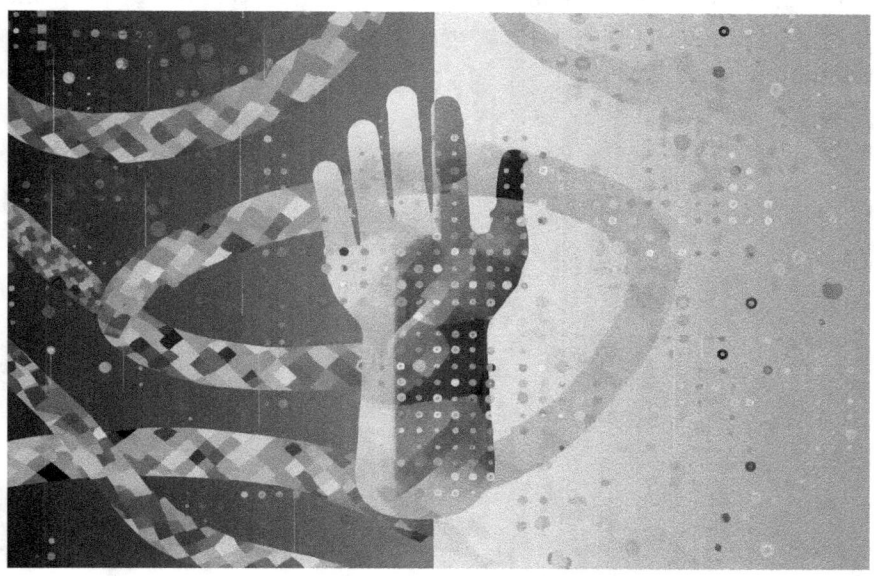

La prise d'empreintes génétiques est un processus qui aide les enquêteurs à identifier les criminels potentiels en comparant l'ADN d'un échantillon prélevé sur une personne à l'ADN d'un échantillon prélevé sur une scène de crime. Il peut également être utilisé à des fins de tests généalogiques et de paternité. L'ADN, ou acide désoxyribonucléique, est l'élément constitutif de la vie. Tous les matériaux organiques sont composés d'ADN, qui se compose de molécules appelées polymères entrelacées en forme d'échelle connue sous le nom de double hélice.

Ces molécules sont constituées de cellules spéciales appelées nucléotides qui se déclinent en quatre types : adénine, cytosine, guanine et thymine. Les modèles créés par ces quatre types de nucléotides sont différents selon l'origine de l'ADN. Le profilage de l'ADN consiste à extraire l'ADN des échantillons, puis à comparer les profils nucléotidiques afin de déterminer s'ils correspondent ou non. Le processus a été découvert pour la première fois en 1983 par Jeffrey

Glassburg. Depuis lors, il a été utilisé pour identifier de nombreux criminels tels que Joseph James DeAngelo, également connu sous le nom de Golden State Killer. Les améliorations technologiques ont rendu le processus plus rapide et plus précis, d'autres améliorations sont attendues à l'avenir.

## 36. Le Wi-Fi

Le Wi-Fi est une méthode d'accès à Internet sans fil via l'utilisation d'un routeur ou d'un point d'accès et d'ondes radio. C'est le frère - sans fil - d'Ethernet, qui fonctionne de manière similaire, mais qui nécessite que les appareils soient branchés pour accéder à Internet. L'idée a été testée pour la première fois en 1992 par l'Organisation de recherche scientifique et industrielle du Commonwealth en Australie. La première version du Wi-Fi a été publiée en 1997, mais elle n'est devenue populaire qu'en 1999, lorsque la série d'ordinateurs portables d'Apple - iBook - a commencé à offrir une connectivité à travers le produit.

Lentement, le Wi-Fi a commencé à devenir disponible sur plus de produits et a gagné en popularité. Maintenant, presque tous les ordinateurs portables et smartphones ont la possibilité d'utiliser le Wi-Fi pour accéder à Internet. En outre, la plupart des consoles de jeu partagent également cette capacité. Cela a rendu Internet facilement accessible pour beaucoup et a même permis aux individus d'utiliser leurs appareils personnels pour accéder aux services Internet publics, tels que ceux que l'on trouve dans les bibliothèques publiques. L'augmentation de vitesse et l'augmentation de l'efficacité sont continuellement recherchées, ce qui fait du Wi-Fi un concept en expansion constante.

## 37. La seringue hypodermique

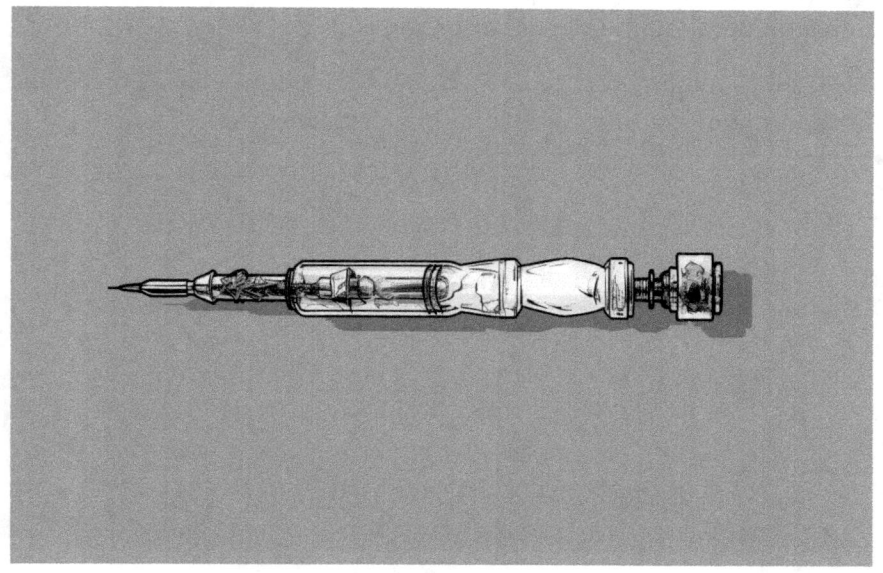

Les seringues hypodermiques sont des dispositifs composés de trois parties : un tube cylindrique pour retenir les liquides, un piston pour pousser les liquides vers l'avant et une aiguille creuse pour la livraison de liquides dans le corps humain. Ces dispositifs permettent l'administration sûre et stérile de médicaments dans la peau, les muscles, les vaisseaux sanguins et les tissus adipeux. La première tentative documentée d'utilisation d'une seringue hypodermique a été faite par Christopher Wren en 1656 lorsque Wren a utilisé les dispositifs pour expérimenter sur des chiens. Les vessies animales servaient de seringue tandis que les piquants d'oie servaient d'aiguilles rudimentaires. Ces expériences causaient souvent la mort de l'animal. Les injections ont donc été ignorées pendant les deux siècles suivants.

Enfin, en 1851, Alexander Wood a créé des seringues tout en verre pour avoir un moyen sûr et efficace de faire des injections. Cela a permis aux injections de gagner en popularité lorsque les médecins ont commencé à les utiliser pour administrer des médicaments rapidement et en plus petites doses. Le grand changement suivant était l'invention de la seringue hypodermique jetable dans les années 1950, assurant une propreté supplémentaire dans l'utilisation des aiguilles en médecine. Depuis lors, diverses avancées et variations mineures ont été apportées au dispositif.

Au fur et à mesure que d'autres découvertes seront faites, la seringue hypodermique continuera de subir des changements.

## 38. Le GPS

Le GPS, ou système de positionnement global, est un système qui utilise des satellites et des ondes radio afin de déterminer une position. Initialement connu sous le nom de Navstar GPS, le projet a été lancé par le gouvernement des États-Unis en 1973 dans le but de corriger les problèmes des systèmes similaires précédents. Le système fonctionne en faisant rebondir les ondes radio d'un appareil GPS sur Terre. Ces ondes rebondissent sur les satellites, ce qui aide à déterminer l'emplacement de l'appareil.

Le système est actuellement exploité par la force spatiale des États-Unis, mais il est disponible pour un usage civil depuis les années 1980. Alors que le but initial du GPS était d'aider dans les expéditions gouvernementales et militaires, le GPS est devenu un outil de navigation populaire pour les civils. Les systèmes GPS attachés aux fenêtres sont devenus courants dans les véhicules au début des années 2000, et ont ensuite été remplacés par des véhicules dotés de systèmes GPS intégrés.

En outre, les smartphones modernes sont équipés de la technologie GPS, permettant une navigation facile pour la majorité du monde occidental.

## 39. La clé USB

Les clés USB sont des appareils qui permettent de stocker des données et de les effacer facilement lorsqu'elles ne sont plus nécessaires. Elles sont petites et portables, ce qui en fait un moyen facile pour transporter l'information. L'appareil a initialement été créé par M-Systems, une société israélienne, et les premiers disques flash ne pouvaient contenir que de petites quantités de données et prenaient souvent beaucoup de temps à charger et télécharger des documents. Au fil du temps, la clé USB est devenue plus rapide et la quantité d'informations qu'elle est capable de contenir a considérablement augmenté.

Alors que de nombreuses personnes choisissent d'utiliser des systèmes de stockage cloud, la clé USB est encore parfois préférée en raison de son haut degré de sécurité, de sa compatibilité avec le cryptage et la biométrie, et de son utilisation dans des applications sans avoir besoin de les installer sur un ordinateur physique. Elles sont généralement considérées comme plus sûres que le stockage en cloud, ce qui entraîne un taux d'utilisation élevé par les forces de l'ordre et les agences gouvernementales. Des améliorations en termes de taille, de vitesse et de stockage sont encore en cours.

## 40. Le thermomètre

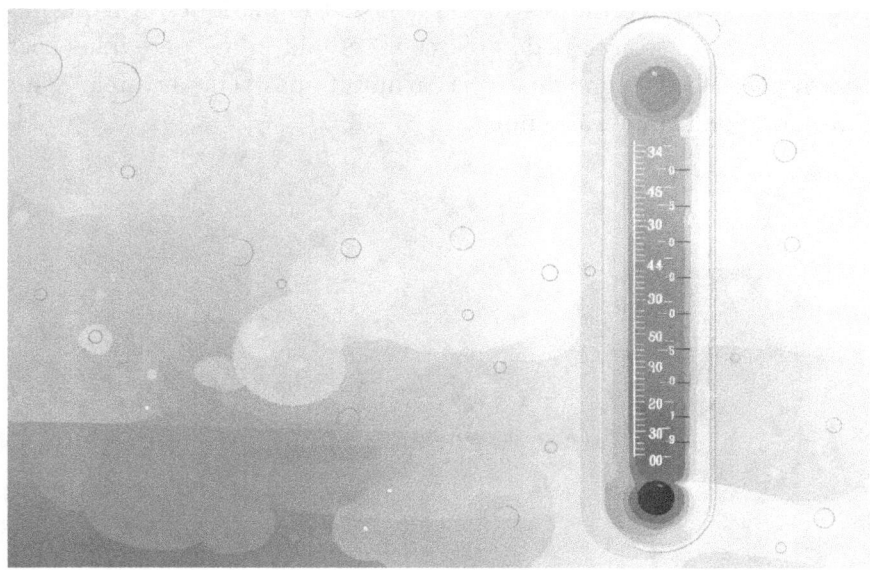

Un thermomètre est un appareil utilisé pour indiquer la température d'un objet ou d'un être. Beaucoup d'entre nous connaissent les thermomètres numériques qui peuvent nous dire rapidement si l'on a de la fièvre ou non. Cependant, à l'origine, la plupart des thermomètres étaient fabriqués à partir de deux matériaux simples : le verre et le mercure. Lorsque le mercure est chauffé, il se transforme en liquide et se dilate. Lorsqu'il est enfermé dans un tube, l'expansion du mercure est corrélée au niveau de chaleur qu'il absorbe. Les premiers thermomètres utilisaient de l'eau et du brandy au lieu du mercure, ce qui rendait les lectures moins précises.

Ce n'est qu'en 1714 que Daniel Gabriel Fahrenheit invente le thermomètre à mercure et invente l'échelle qui portera un jour son nom. Plus tard, Anders Celcius inventera de la même manière l'échelle de Celcius. Ensemble, ces deux hommes ont permis de déterminer avec précision la température des êtres vivants, ainsi que celle de divers liquides. Cela a permis à la médecine de devenir plus efficace et a également donné naissance à des pratiques de cuisson plus sûres.

Aujourd'hui, les thermomètres sont souvent numériques et n'ont pas les matériaux typiques du mercure et du verre attendus des thermomètres. Cependant, cela n'aurait pas été possible sans l'invention de Daniel Fahrenheit.

## Le saviez-vous ?

La bioluminescence est le phénomène impressionnant par lequel les organismes vivants produisent et émettent de la lumière, créant une lueur mystique dans divers environnements sur Terre. Cet éclairage naturel a fasciné les scientifiques et les passionnés de nature, mettant en lumière (jeu de mots) les merveilles de l'évolution.

Plongez dans le monde lumineux de la bioluminescence :

• Profondeurs de l'océan : La plupart des organismes bioluminescents résident dans l'océan, en particulier dans ses parties les plus sombres et les plus profondes. Des créatures comme la baudroie utilisent cette lueur pour attirer les proies, tandis que d'autres l'utilisent pour éloigner les prédateurs ou trouver des partenaires.

• Merveilles terrestres et célestes : Les lucioles sont parmi les créatures bioluminescentes terrestres les plus emblématiques. Leurs danses enchanteresses du soir sont des rituels d'accouplement, chaque espèce ayant son motif clignotant unique. Certains champignons émettent une lueur verdâtre dans les grottes, créant au spectacle connu sous le nom de « feu de renard ».

• Réaction chimique : Au cœur de la bioluminescence se trouve une réaction chimique. Lorsque la molécule de luciférine réagit avec l'oxygène, avec l'aide de l'enzyme luciférase, elle produit une lueur radieuse.

• Une lumière en médecine : La science de la bioluminescence est maintenant exploitée dans la recherche médicale. En marquant les cellules avec les gènes qui produisent cette lumière, les chercheurs peuvent suivre des maladies comme le cancer et surveiller l'efficacité des traitements en temps réel.

La bioluminescence est un témoignage radieux de la capacité de la nature à s'adapter et à innover. Des profondeurs des océans aux laboratoires de recherche de pointe, cette lueur continue d'éclairer des mystères qui attendent d'être explorés.

## 41. La théorie copernicienne

La théorie copernicienne, également connue sous le nom de l'héliocentrisme copernicien, est la croyance - maintenant scientifiquement validée - que les planètes tournent autour du soleil. Avant 1543, une majorité de gens croyaient que les planètes et le soleil tournaient tous autour de la planète Terre. C'est ce qu'on a appelé le modèle géocentrique.

Nicolas Copernic a contesté cela en publiant sa propre théorie affirmant ceci : la Terre et plusieurs autres planètes tournent autour du soleil, la Terre se déplace de trois manières différentes (rotation quotidienne, révolution annuelle et inclinaison des axes), les planètes semblant se déplacer en sens inverse sont en fait dues aux mouvements de la Terre, et la Terre est plus proche du soleil que le soleil ne l'est des autres étoiles.

Dans l'ensemble, la théorie de Copernic était beaucoup plus précise que le modèle géocentrique. Bien qu'une partie de la théorie ait été réfutée, comme l'inclinaison axiale de la Terre changeant quotidiennement, l'idée générale reste vraie. La Terre et les autres planètes de notre système solaire voyagent autour de notre soleil.

## 42. Le chauffage central

Avant l'invention du chauffage central, les foyers étaient obligés de chauffer chaque pièce de la maison individuellement. Des foyers et des poêles étaient utilisés pour garder les pièces chaudes, mais il était très rare que cette chaleur puisse se déplacer dans tout un bâtiment. Il était donc difficile de garder une maison entière au chaud par une froide journée d'hiver. Le chauffage central prend la chaleur créée par une seule source de chaleur et la disperse dans divers endroits. Cela se fait généralement via des conduits de chauffage ou des tuyaux.

Le premier exemple de chauffage central se trouve dans la Grèce antique et à Rome. Des espaces vides et des tuyaux ont été placés dans le plancher et connectés à l'endroit où un feu serait allumé. Cela a permis à la chaleur du feu de se propager à travers les bâtiments. Les exemples modernes de chauffage central utilisent maintenant des fournaises, des chaudières et des chauffe-eau afin de produire de la chaleur au lieu d'utiliser le feu.

Cela permet de chauffer des maisons entières à la vapeur, à l'eau ou à l'électricité. Cela nous fait gagner beaucoup de temps qui, dans le passé, aurait été consacré à faire des feux et à s'en occuper.

## 43. Le calendrier grégorien

Tout au long de l'histoire, diverses cultures ont créé leurs propres calendriers annuels afin de suivre les saisons et les cycles de la planète Terre. Cependant, aucun de ces calendriers n'a été aussi précis que notre calendrier actuel, connu sous le nom de calendrier grégorien. Avant l'invention du calendrier grégorien, nous utilisions le calendrier julien. Alors que le calendrier julien était principalement précis, il supposait que chaque année durait exactement trois cent soixante-cinq jours plus six heures. Cette croyance a fait mettre en œuvre des années bissextiles, qui comprenaient un jour supplémentaire tous les quatre ans, sans exception.

Bien que cela soit à peu près correct, la durée réelle de l'année est de trois cent soixante-cinq jours plus cinq heures et quarante-neuf minutes. Au fil du temps, cela a conduit à perdre du temps et à organiser des événements spéciaux avant qu'ils ne soient censés le faire. Le pape Grégoire XIII a résolu ce problème avec la création du calendrier grégorien. Ce calendrier a changé la façon dont les années bissextiles sont gérées. Toute année qui se termine par deux zéros n'aurait pas d'année bissextile à moins que l'année ne puisse être divisée également par le nombre quatre cents. Cette méthode résout le problème créé par le calendrier julien, ce qui nous amène à utiliser le calendrier grégorien actuellement.

## 44. Le stimulateur cardiaque

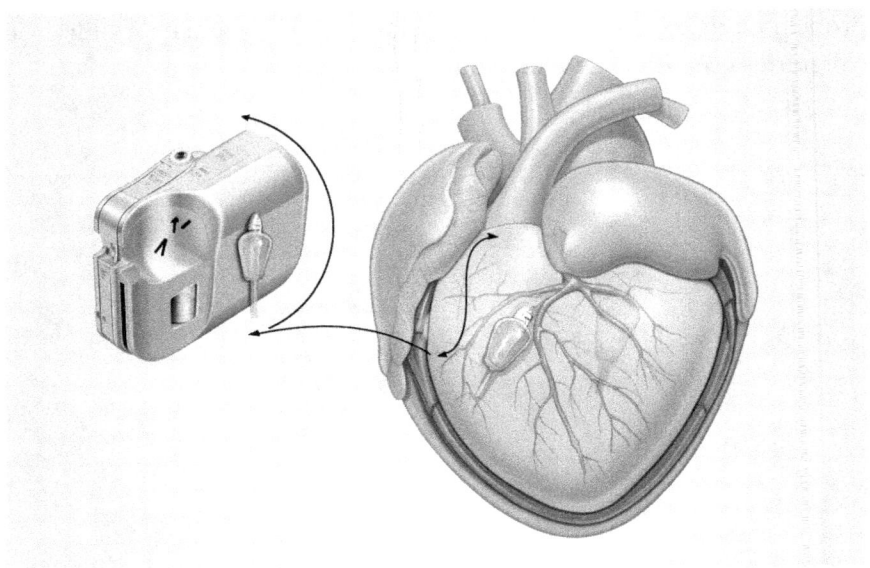

Parfois, les gens ont des problèmes avec le rythme auquel leur cœur bat. Lorsque le cœur de quelqu'un bat trop lentement, un appareil appelé stimulateur cardiaque peut être utilisé afin d'aider le cœur à battre à un meilleur rythme. Ces appareils envoient des impulsions électriques à diverses parties du cœur, les faisant se contracter. Les premiers stimulateurs cardiaques devaient être portés à l'extérieur du corps. Un modèle de 1958 consistait en un stimulateur cardiaque externe tenu à l'intérieur d'une boîte avec une série de fils et d'électrodes traversant la peau du patient afin de stimuler directement le cœur.

Après cela, des progrès ont été rapidement réalisés dans la recherche d'un stimulateur cardiaque plus efficace, durable et pratique. Les batteries au lithium et les boîtiers métalliques spéciaux se sont avérés être les changements les plus précieux pour les stimulateurs cardiaques. Ces changements aident les stimulateurs cardiaques à durer plus longtemps et les aident également à éviter les dommages à l'intérieur du corps humain. Dans l'ensemble, ces appareils sont capables de prolonger la vie de ceux qui les portent, ce qui les rend importants pour l'humanité.

45. Le streaming en ligne

Pendant longtemps, les gens avaient accès aux médias via des copies physiques achetées en magasin ou à partir de téléchargements sur Internet. La musique était disponible sous forme de cassettes, de CD et de téléchargements mp3. Les films et les émissions de télévision pouvaient être achetés via VHS ou DVD, ou ils pouvaient être accessibles via un abonnement ou une antenne parabolique. Cela limitait la quantité de médias auxquels on avait accès et rendait l'accès à de grandes quantités de médias coûteux. Cela a changé avec l'invention du streaming en ligne.

Le streaming en ligne fait référence aux médias disponibles en continu sans téléchargement ni possession. Youtube a été l'une des premières plateformes de streaming à devenir populaire, le contenu créé par les utilisateurs étant accessible à tous. Finalement, d'autres services de streaming sont apparus. Aujourd'hui, il existe une grande quantité de ces services disponibles. Certains s'adressent à la musique, comme Apple Music et Pandora. D'autres se concentrent sur la télévision et les films, tels que Netflix et Hulu. Ces services ont rendu les médias bon marché et faciles d'accès. Sans eux, notre capacité à regarder et à écouter les médias serait encore extrêmement limitée.

## 46. L'insuline synthétique

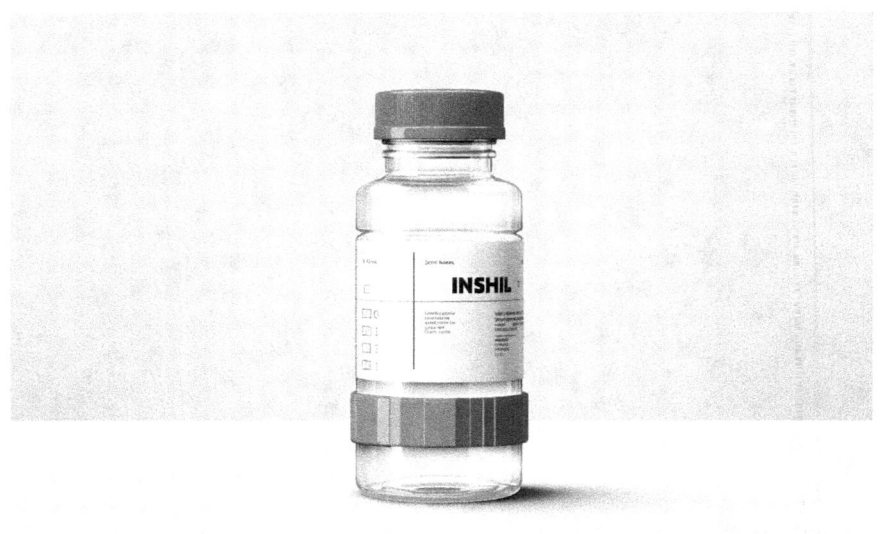

Le diabète est connu comme une maladie grave mais gérable. Cependant, cela n'a pas toujours été le cas. Pendant de nombreuses années, les diabétiques ont eu une espérance de vie courte et il n'y avait pas grand-chose à faire pour atténuer les effets de la maladie. En 1922, cela a changé pour toujours lorsque Frederick Banting et Charles Best ont traité un jeune adolescent nommé Leonard Thompson avec de l'insuline dérivée de bovins. Le traitement a réussi à abaisser la glycémie de Thompson. Cela a mené à l'utilisation de l'insuline dérivée du bétail pour traiter les diabétiques.

Cependant, tous les patients n'ont pas réagi positivement à l'insuline car beaucoup étaient allergiques. En 1978, cela a changé avec la création de l'insuline synthétique qui imitait l'insuline produite naturellement par le corps humain. Lentement, cette nouvelle insuline « humaine » a été expérimentée et davantage de progrès ont été réalisés. Les scientifiques ont pu créer de l'insuline qui se libère plus lentement et dure plus longtemps. Cela a permis aux diabétiques d'avoir une plus longue et meilleure vie.

## 47. Le moteur à combustion interne

Pendant de nombreuses années, les déplacements reposaient littéralement sur les chevaux ou la main-d'œuvre. Cela rendait les voyages longs et fastidieux. Même avec l'invention de la machine à vapeur, les déplacements étaient encore lents et difficiles pour la plupart. Cela a changé avec l'invention et la popularité du moteur à combustion interne, qui utilise la combustion et l'expansion des gaz pour déplacer les pistons afin de générer de l'énergie. Thomas Newcomen a inventé ce moteur dans les années 1700, mais ce modèle n'était pas prêt pour un usage public.

Ce n'est que dans les années 1900 que le moteur à combustion est devenu suffisamment efficace pour une utilisation régulière. C'est en 1859 que Jean-Joseph Etienne Lenoir a pu créer un modèle de travail approprié qui a servi comme cadre pour les modèles populaires des années 1900. Les progrès de la thermodynamique et l'invention de trois sources de combustion (carburation, vaporisation à chaud et moteur diesel) ont suivi. Sans ces progrès, l'industrie automobile moderne n'existerait pas.

## 48. La prothèse cochléaire

Les prothèses cochléaires sont un type d'appareil qui aide les personnes atteintes d'un type spécifique de déficience auditive. Ces prothèses permettent à certaines personnes sourdes et malentendantes d'entendre efficacement. Plus précisément, elles travaillent sur les personnes atteintes de ce qu'on appelle une perte auditive neurosensorielle, causée par des problèmes d'oreille internes ou des problèmes d'organes internes de l'oreille. L'appareil fonctionne en stimulant électriquement le nerf auditif au lieu de forcer l'individu à se fier à une audition acoustique simple.

Plus précisément, l'appareil stimule un nerf spécifique trouvé dans la cochlée. André Djourno et Charles Eyriès inventent le premier modèle en 1957. Depuis lors, des progrès constants ont été réalisés et en 1977 Adam Kissiah a créé la version commune de l'appareil que l'on connaît aujourd'hui.

Depuis lors, l'appareil a permis à de nombreuses personnes malentendantes de mener une vie normale. La capacité d'entendre et la capacité de communiquer ont été grandement améliorées par cet appareil, ce qui permet une meilleure qualité de vie pour ces personnes.

## 49. La morphine

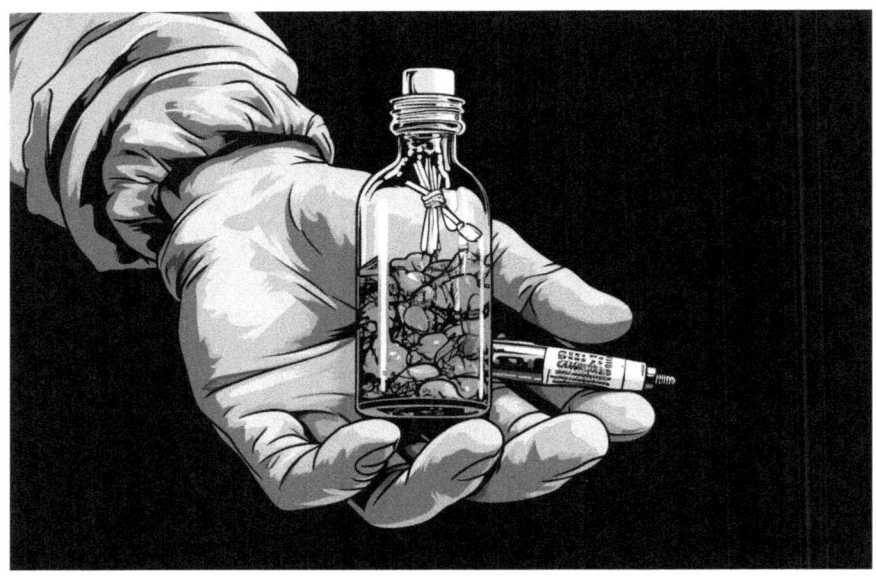

Alors que les opioïdes ont acquis une réputation négative ces dernières années en raison de la surconsommation et de la dépendance, ils ont en fait été des inventions très utiles dans le domaine médical. La morphine, en particulier, était une création qui a changé la vie et le monde médical lorsqu'elle a été inventée, et elle continue d'être un atout pour la communauté médicale à l'heure actuelle. En 1804, Friedrich Seturner a extrait l'alcaloïde initial de la plante de pavot à opium, faisant des expériences sur lui-même et d'autres créatures. La morphine s'est avérée six fois plus forte que son prédécesseur, l'opium, ce qui a conduit à son adoption par le domaine médical en 1817.

La morphine est utilisée pour traiter la douleur dans diverses situations, y compris la douleur due à une blessure soudaine et la douleur due à une maladie chronique. En outre, elle peut traiter les sentiments d'essoufflement d'une manière sûre et contrôlée. C'est un médicament particulièrement important pour les soins de fin de vie, car il aide à garder les patients à l'aise et détendus. En outre, les opioïdes ultérieurs proviennent tous de l'étude de la morphine, ce qui signifie que nous n'aurions pas accès à de nombreux autres médicaments sur lesquels nous comptons si la morphine n'avait pas été inventée.

## 50. Les sutures solubles

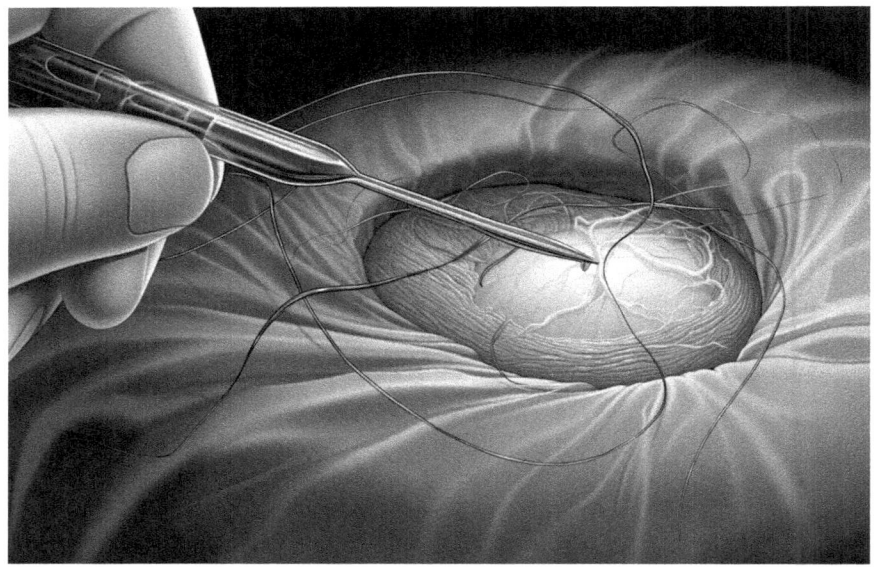

La chirurgie repose sur l'utilisation de sutures depuis que les humains ont commencé à effectuer des opérations. Cependant, un aspect gênant de la suture d'une plaie est de devoir retirer les sutures de la plaie à une date ultérieure. La création de sutures solubles a permis de moins se concentrer sur le retrait des sutures, car ces sutures disparaissent d'elles-mêmes après un certain temps. L'utilisation la plus courante des sutures est pour les opérations internes du corps, car il est difficile d'enlever les sutures lorsqu'elles sont situées à l'intérieur d'un individu.

La deuxième utilisation la plus courante est pour les personnes qui sont peu susceptibles de revenir pour une procédure de retrait de suture. Cela réduit la probabilité de complications liées aux déménagements à domicile ou au simple fait de laisser les sutures. Ce sont des sutures solubles naturelles et synthétiques disponibles pour utilisation. Bien que les sutures solubles ne soient pas toujours le meilleur choix, elles ont été extrêmement utiles pour éviter du temps supplémentaire chez le médecin ainsi que des complications postopératoires.

## 51. Le laser

Le laser, qui signifie une amplification de la lumière par une émission stimulée de rayonnement, a changé la science médicale et l'industrie depuis son invention en 1959 par Gordon Gould. Curieusement, les lasers ont été inventés sans but spécifique à l'esprit. Cela leur a permis de gagner en popularité dans divers domaines, notamment le domaine médical, l'électronique, les technologies de l'information et même l'armée. Cela a permis la création de plusieurs nouvelles technologies telles que la communication par fibre optique, les scanners de codes-barres et les imprimantes laser.

L'opération au laser a également gagné en popularité au fil du temps, l'appareil étant utilisé pour tout faire, de l'élimination des imperfections à la dégradation des calculs rénaux. L'armée a inventé une autre utilisation des lasers en créant des armes à haute énergie qui permettent d'exploiter la puissance d'un laser dans un outil puissant. Aujourd'hui, de nouvelles utilisations du laser sont encore en cours de découverte. L'invention reste utile partout, aidant l'humanité de la salle de classe à l'hôpital, et même à l'usine de fabrication.

## 52. Le four à micro-ondes

Pouvez-vous imaginer un monde où l'appareil de cuisson le plus rapide disponible est un four à convection ? C'était la réalité pour les gens qui vivaient avant 1945. En 1945, Percy Spencer a inventé le four à micro-ondes, une boîte en métal capable de cuire les aliments par rayonnement électromagnétique. Cette nouvelle façon de cuisiner repose sur la façon dont ces ondes radioactives permettent aux molécules et aux aliments de soudainement se déplacer plus rapidement. Cela fait que la nourriture devient rapidement plus chaude. Finalement, des progrès ont été réalisés qui ont rendu le four à micro-ondes encore plus efficace.

L'un de ces progrès a été celui du plateau tournant. Cela garantissait que les aliments étaient cuits uniformément de tous les côtés. Les premiers fours à micro-ondes étaient très grands et n'étaient disponibles que pour un usage commercial. Cela a changé dans les années 1970 lorsque des modèles plus petits ont été fabriqués pour un usage domestique. C'est à cette époque que la famille moyenne pouvait se permettre d'acheter l'appareil. Depuis lors, le four à micro-ondes a gagné en popularité au point où une majorité de foyers en ont et en utilisent un régulièrement.

## 53. L'horloge

Imaginez devoir lire l'heure en utilisant uniquement le soleil et une ombre. Avant les horloges, les cadrans solaires étaient le principal moyen de lire l'heure, ce qui rendait difficile de lire l'heure par temps et la nuit. Archimède a été l'un des premiers individus à créer quelque chose ressemblant aux horloges modernes. Il a utilisé de l'eau, des systèmes de musculation, des cordes et des engrenages afin de produire une horloge à eau capable de servir d'horloge astronomique et d'horloge horaire. Cependant, l'horloge telle que nous la connaissons aujourd'hui n'a été inventée qu'en 1511, lorsqu'un serrurier nommé Peter Henlien a inventé la première horloge à ressort dans le monde.

Cela a changé notre façon de voir le temps. Des mesures précises des heures, des minutes et des secondes ont permis aux gens de suivre des horaires plus spécifiques et ont facilité la prise de rendez-vous. En outre, l'horlogerie est devenue une forme d'art et les horloges sont devenues des meubles importants dans la maison. Au fil du temps, des progrès ont été réalisés. Il existe maintenant des horloges numériques qui ne reposent pas sur des engrenages mécaniques. Des réveils ont également été créés afin d'avertir une personne lorsqu'il est une certaine heure. Le chronométrage n'a jamais été aussi facile qu'aujourd'hui grâce à ces appareils.

## 54. Le béton

Le béton est un mélange de particules solides et de ciment liquide utilisé dans la construction. Ce mélange forme un liquide épais qui peut être versé dans divers moules et qui peut être laissé durcir. Le matériau résultant est dur et robuste. Le béton existe sous diverses formes depuis l'Antiquité. Les premiers bétons étaient fabriqués principalement avec une substance appelée oxyde de calcium, également connue sous le nom de chaux hydraulique. Les matériaux ultérieurs comprenaient des cendres volcaniques, des cendres pouzzolaniques et de la pierre ponce. Actuellement, le ciment de Portland est le principal matériau utilisé et se compose principalement de chaux hydraulique.

Le béton est populaire en tant que matériau de construction pour diverses raisons, notamment son extrême durabilité, ses tendances à la résistance au feu et le fait qu'il gagne en force avec le temps. De plus, l'invention du béton renforcé a augmenté l'utilité du matériau. Le béton est solide lorsqu'il est comprimé, mais fragile lorsqu'il est soumis à la tension. Le béton renforcé utilise des câbles, des fils et des tiges de fer pour ajouter une résistance supplémentaire à la structure. Cela permet d'utiliser le béton dans une plus grande variété de projets de construction.

## 55. Le disque compact

Le disque compact, ou CD comme plus communément appelé, est un dispositif de stockage qui a été co-inventé par les sociétés Phillips et Sony dans le but de créer un format pour stocker des fichiers musicaux numériques. Le CD a été publié en 1982 et plus tard un format frère appelé CD-ROM fut publié pour stocker des fichiers autres que la musique. Ces disques étaient capables de stocker plus de données que les dispositifs de stockage précédents, tels que la cassette. Cela a également rendu la musique plus portable, permettant aux gens d'apporter leur musique préférée partout où ils allaient.

Les DJ de radio pouvaient changer de chanson plus rapidement, et les artistes amateurs pouvaient facilement graver leur musique sur des CD pour les distribuer sous forme de démos. Les disques permettaient également la personnalisation des illustrations, et des dessins pouvaient être ajoutés directement au disque si on le souhaitait. Ces disques pouvaient également être facilement édités via un ordinateur, ce qui permettait une personnalisation. Dans l'ensemble, le disque compact rendait la musique facile à gérer et à transporter.

## 56. L'extincteur

Bien que de nombreuses personnes n'utiliseront jamais d'extincteur au cours de leur vie, tout le monde devrait connaître la valeur de cet outil. Les extincteurs sont des dispositifs destinés à éteindre des incendies dangereux. Ils sont constitués de produits chimiques spécialement formulés pour éteindre rapidement une flamme avec un risque minimal pour l'utilisateur. Ambrose Godfrey a inventé le tout premier extincteur en 1723 en utilisant un extincteur avec du liquide et de la poudre à canon pour souffler le liquide sur le feu. Il a été utilisé et les journaux de l'époque mentionnent son succès.

Bientôt, des versions plus petites de l'outil sont apparues. Ces dispositifs utilisaient de l'air comprimé pour délivrer le liquide au lieu de la poudre à canon. Les modèles suivants ont utilisé de l'eau et du sulfate d'aluminium pour éteindre les flammes. Certains progrès étranges ont conduit à l'invention des grenades à feu, qui étaient des récipients en verre contenant des liquides d'extinction destinés à être lancés sur des incendies. Le halon est l'un des matériaux les plus couramment utilisés dans ces dispositifs, mais il est progressivement retiré d'usage en raison de préoccupations environnementales. Dans l'ensemble, l'extincteur a sauvé de nombreuses vies et des progrès sur l'outil semblent être réguliers.

## 57. Les crampons

Les crampons sont des chaussures qui ont des semelles spéciales permettant une meilleure adhérence sur certaines surfaces. Ces semelles sont équipées de goujons qui aident à saisir les surfaces glissantes. Le premier exemple de ce type de chaussure remonte à la Rome antique. Un type de botte-sandale a été inventé appelé « caligae », qui avait des crampons spéciaux sur le fond pour fournir une traction supplémentaire. Les soldats portaient souvent ces chaussures pour s'assurer d'un bon pied au combat. Cependant, les crampons modernes n'ont pas été inventés avant les années 1500.

Le roi Henri VIII est connu pour avoir une de ces premières paires de crampons, faites par un cordonnier nommé Isaac Ali. Dans les années 1800, le football a gagné en popularité et le besoin de crampons durables a augmenté rapidement. Le caoutchouc vulcanisé a été créé afin d'ajouter une durabilité supplémentaire à la chaussure. Rapidement, d'autres sports ont commencé à adopter le crampon. Le baseball et le football américain nécessitaient son utilisation afin de prévenir les blessures.

Vraiment, les crampons ont aidé à prévenir les blessures tout au long de l'histoire et continuent d'être une pièce importante de l'équipement sportif.

## 58. La machine à laver

La machine à laver a révolutionné notre façon de faire la lessive. Avant l'invention de la machine à laver, les vêtements devaient être lavés à la main. C'était un processus qui impliquait de transporter de l'eau à un endroit, de tremper les vêtements dans de l'eau savonneuse, d'agiter les vêtements à la main, puis de rincer les vêtements à l'eau douce. Ce processus était laborieux et prenait beaucoup de temps. La machine à laver a été créée en 1937 par Bendix Home Appliances. Ces machines étaient très similaires aux machines à laver disponibles aujourd'hui.

Cependant, elles étaient chères. Des progrès ont continué à être réalisés et, bien que l'appareil continuait à être coûteux, sa popularité a décollé dans les années 1950. L'impact de cette machine s'est avéré beaucoup plus important que prévu, car elle a eu un impact drastique sur les femmes. Laver les vêtements était une tâche que les femmes devaient subir régulièrement. La création de cette machine a permis d'éviter les longues heures de travail que les femmes devaient subir pour faire la lessive. Cela leur a donné plus de temps libre et les a aidés à lentement s'échapper de la servitude domestique.

## 59. Le lave-vaisselle

Les laves-vaisselle sont des machines qui prennent le travail physique de frottement et de pulvérisation de la vaisselle et de l'argenterie. L'appareil utilise de l'eau chaude pour enlever les aliments collés aux couverts et pour désinfecter la vaisselle. Joel Houghton a créé un lave-vaisselle mécanique en 1850. Ce lave-vaisselle nécessitait encore un humain pour activer une manivelle pour faire tourner le tambour afin que la vaisselle puisse être vaporisée. Cependant, cela n'était pas aussi exigeant en main-d'œuvre que le lavage à la main. Malgré les avantages de la machine, elle était considérée comme trop lente et peu fiable pour avoir une quelconque valeur. Peu de gens étaient intéressés.

En 1924, William Howard Livens a créé un modèle plus proche de ce que nous utilisons aujourd'hui. Cependant, l'appareil n'a gagné en popularité qu'après la Seconde Guerre mondiale, lorsque les gens se sont retrouvés avec de l'argent supplémentaire à dépenser. Malgré cela, ce n'est que dans les années 1970 que ces appareils sont devenus courants dans les foyers. Aujourd'hui, la plupart des maisons ont un lave-vaisselle pour aider à laver la vaisselle.

## 60. L'appareil CT

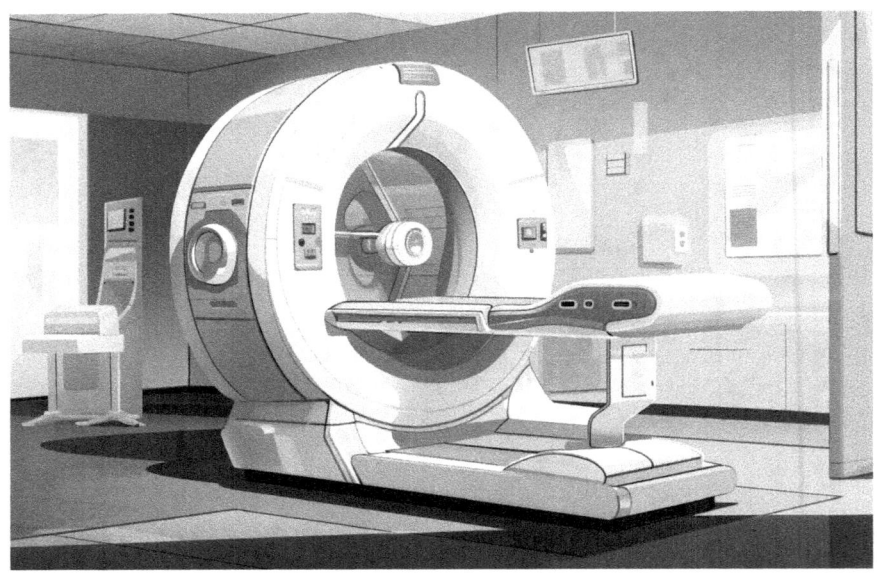

L'appareil CT, également connu sous le nom d'appareil de tomodensitométrie, est un dispositif médical utilisé pour diagnostiquer certaines maladies et blessures. L'appareil utilise le rayonnement pour regarder à l'intérieur du corps humain afin de diagnostiquer les problèmes qui ne peuvent pas être vus de l'extérieur. La première machine CT utilisable a été créée par Godfrey Hounsfield en 1972. L'appareil est extrêmement grand et nécessite l'utilisation d'une radiographie. Il crée une image à partir des données brutes appelée sinogramme, qui doivent ensuite être assemblées pour former une reconstruction tomographique. Cela peut montrer des résultats anormaux ainsi que des densités anormales au sein de structures attendues. Un contraste radioactif peut être ajouté si les vaisseaux sanguins doivent être visibles, car l'utilisation normale de la machine les rend difficiles à séparer des autres tissus.

L'appareil CT présente une variété d'avantages par rapport aux autres méthodes de diagnostic. Tout d'abord, il crée une image plus claire que plusieurs autres types de scanners courants. Deuxièmement, il peut remplacer les procédures invasives qui obligent les médecins à entrer dans le corps humain pour faire un diagnostic. Vraiment, cet appareil a beaucoup fait progresser le traitement médical et le diagnostic depuis son invention initiale.

## Le saviez-vous ?

Le concept connu sous le nom d' « effet papillon » postule que de petits changements dans un système peuvent entraîner des différences spectaculaires dans les résultats. Le nom vient de l'idée que le battement des ailes d'un papillon au Brésil pourrait déclencher une tornade au Texas, soulignant l'interconnexion et la sensibilité des systèmes complexes.

Cette notion a pris racine non seulement dans la météorologie, d'où elle est née, mais dans des domaines aussi variés que la finance, la philosophie et la culture populaire :

• Théorie du chaos : L'effet papillon est une idée fondamentale de la théorie du chaos, qui est une branche des mathématiques qui traite des systèmes qui semblent être désordonnés ou aléatoires, mais qui sont en fait de nature déterministe.

• Philosophie : Les philosophes ont réfléchi aux implications de l'effet papillon, en particulier en ce qui concerne les concepts de destin et de libre arbitre.

• Économie : Les marchés financiers peuvent être considérablement affectés par des nouvelles ou des événements qui semblent mineurs, entraînant des changements économiques importants. Cette sensibilité est souvent examinée à l'effet papillon.

Comprendre l'effet papillon nous rappelle les liens complexes qui sous-tendent notre monde, renforçant le fait que même nos actions les plus mineures peuvent avoir de vastes ramifications.

## 61. Le séquençage de l'ADN

Le séquençage génétique, également connu sous le nom de séquençage de l'ADN, implique l'étude et la compréhension des modèles d'ADN et de la signification de ces modèles. Le séquençage génétique analyse spécifiquement les quatre différents types de nucléotides présents dans l'ADN : adénine, guanine, cytosine et thymine. Pendant très longtemps, ce processus a été extrêmement fastidieux et a nécessité beaucoup de travail manuel dont l'extraction en analyse. Malgré les efforts nécessaires pour séquencer l'ADN, il est devenu un travail très important en raison de son utilisation en virologie et en science médicale.

En 1987, Lloyd M. Smith a créé un appareil qui a effectué la majorité du travail requis sans intervention humaine. Le projet du génome humain a créé la deuxième génération de ces dispositifs, les rendant plus abordables et beaucoup plus rapides pour le séquençage de l'ADN. Récemment, une troisième génération a été mise au point qui permettrait de traiter plusieurs brins d'ADN plus longs en même temps. Cela a le potentiel de rendre le processus encore plus rapide, ce qui rend le diagnostic et la recherche moins longs.

## 62. Les facettes en porcelaine

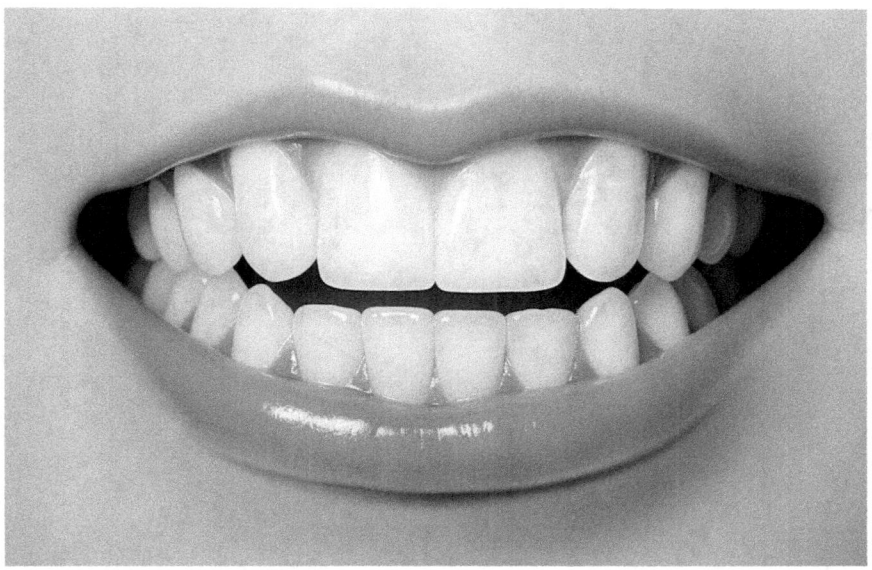

Avez-vous déjà entendu parler de ce qu'on appelle des facettes en porcelaine ? Les facettes en porcelaine sont une option de traitement pour une variété de problèmes dentaires qui ne nécessitent pas que le patient se fasse enlever les dents. Au lieu de cela, les facettes sont placées sur les dents d'origine du patient afin de les protéger et d'éviter d'autres dommages. Les facettes ont été inventées en 1928 comme un moyen temporaire de changer l'apparence des dents par un dentiste nommé Charles Pincus.

Cependant, ce n'est qu'en 1982 que les dentistes ont trouvé un moyen de coller les facettes aux dents d'une personne d'une manière sûre et durable. Cependant, les facettes ne durent pas éternellement. Elles doivent souvent être remplacées tous les dix à trente ans. Malgré cela, elles sont une excellente option pour les personnes ayant des dents malsaines qui ne veulent pas faire face à la douleur et aux luttes qui viennent avec le port de prothèses dentaires. Une fois les facettes installées, le patient n'a pas à s'en soucier jusqu'à ce qu'elles doivent être remplacées à nouveau.

## 63. Le sulfate d'albutérol

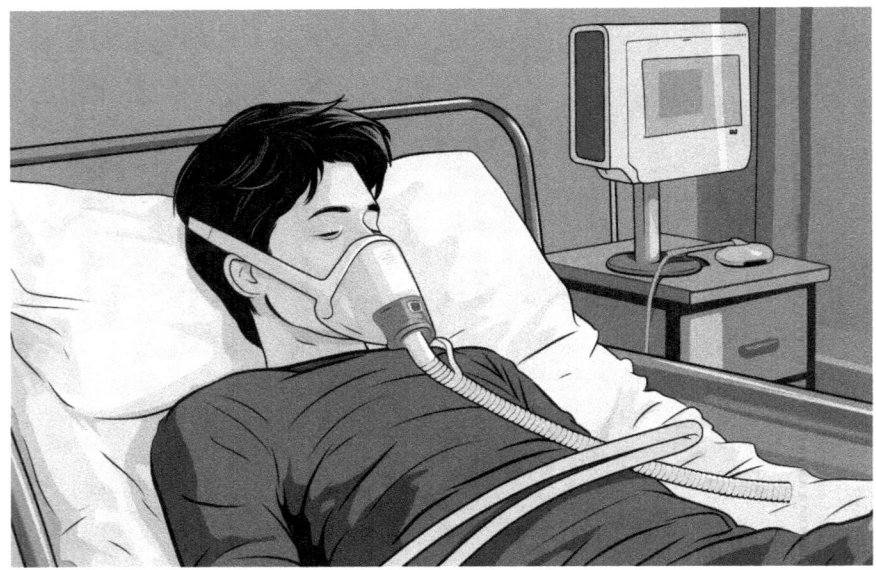

Le sulfate d'albutérol, également connu sous le nom de salbutamol, est un médicament utilisé pour traiter le bronchospasme et les crises d'asthme. Ce médicament a été découvert en 1966 par David Jack et est devenu disponible au grand public en 1969. Le médicament est un agoniste des récepteurs adrénergiques β2, qui provoque la relaxation des muscles lisses du corps. Lorsqu'il est inspiré, il agit spécifiquement sur les poumons. Cela a rendu le médicament populaire en tant que médicament de soulagement à action rapide pour tous les types d'asthme, de bronchospasme dû à une infection et de maladie pulmonaire obstructive chronique.

Le médicament a sauvé de nombreuses vies depuis son invention, étant le premier traitement donné dans les situations d'urgence impliquant une constriction pulmonaire. Sans elle, de nombreux asthmatiques seraient morts. Le sulfate d'albutérol se présente sous forme d'inhalateur, de solution nébulisante, de pilule, de liquide buvable et d'injection intraveineuse. Toutes les formes sont efficaces dans le traitement du bronchospasme. Lorsqu'il est associé à un médicament d'entretien, le sulfate d'albutérol est l'un des principaux ingrédients dans un plan d'action efficace contre l'asthme. Sans lui, le maintien de l'asthme et de la bronchopneumopathie chronique obstructive serait difficile, voire complètement impossible.

## 64. La toilette à chasse d'eau

Pouvez-vous imaginer aller aux toilettes et devoir jeter manuellement vos propres déchets ? C'est quelque chose que beaucoup de gens devaient faire avant l'invention des toilettes à chasse d'eau. Les toilettes à chasse d'eau permettent aux gens d'utiliser la toilette, puis de jeter leurs déchets dans le système d'égouts local via des tuyaux et de l'eau. Ces eaux usées sont ensuite traitées avec des produits chimiques qui les rendent plus sûres, puis elles sont stockées loin du grand public par des systèmes souterrains.

La toilette à chasse d'eau a été inventée en 1775 par un homme nommé Alexander Cumming. L'eau de ces toilettes permet non seulement de faciliter la chasse d'eau et l'élimination des déchets, mais elle protège également les utilisateurs des gaz d'égout nocifs. Avant cela, les gens utilisaient des toilettes sèches qui collectaient les déchets dans des poubelles qui devaient être vidées à la main. Des variantes plus sophistiquées permettaient de congeler ou de brûler des déchets. Cependant, tous présentaient des risques pour la santé en raison de la libération de gaz nocifs et de bactéries lors de l'élimination. Ainsi, les toilettes à chasse d'eau ont aidé l'humanité à rester en sécurité et sanitaire depuis son invention.

## 65. Le défibrillateur cardiaque

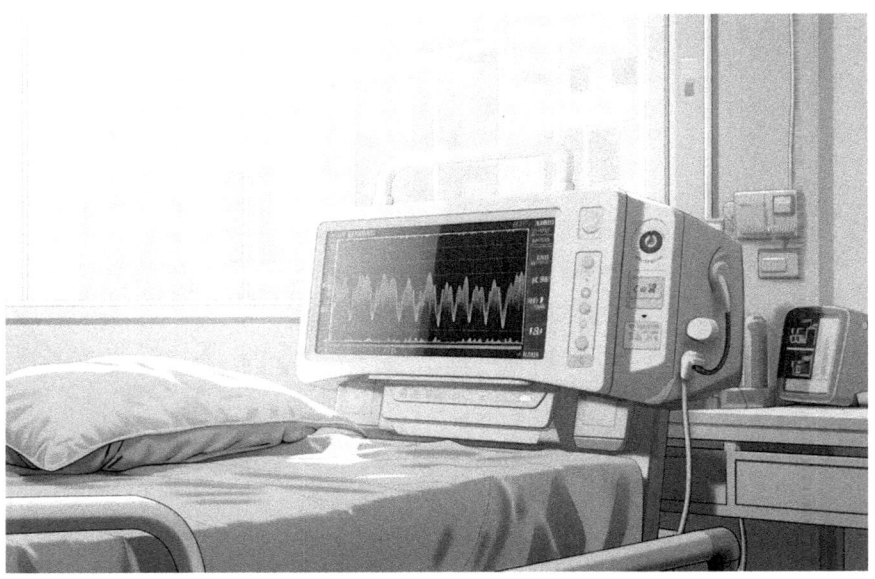

Beaucoup de gens se souviennent de scènes dans des films où les médecins crient « dégage » et placent deux grandes pagaies sur la poitrine d'un patient, délivrant un choc qui ramène le patient de la mort. Cet acte est connu sous le nom de défibrillation, et la façon dont il est représenté dans les films n'est pas tout à fait exacte. Les défibrillateurs cardiaques sont des dispositifs utilisés pour choquer le cœur d'une personne dans un rythme approprié. Jean-Louis Prévost et Frédéric Batelli ont inventé l'appareil en 1899, bien qu'à l'époque il n'ait été utilisé que sur les chiens afin de montrer le potentiel d'utilisation humaine.

Des progrès ont été réalisés qui ont finalement rendu l'appareil adapté à un usage médical. Cependant, contrairement à ce qui est montré à la télévision, l'appareil ne peut pas choquer un cœur qui ne recommence pas de battre. Au lieu de cela, il est destiné à choquer un cœur ayant des arythmies dans un rythme approprié. C'est pourquoi les défibrillateurs ne sont souvent utilisés en RCR qu'après la détection d'un battement de cœur. Bien qu'ils ne soient pas en mesure de réanimer un patient sans battement de cœur, les défibrillateurs cardiaques ont sauvé de nombreuses vies et continueront probablement d'en sauver beaucoup d'autres.

## 66. Le savon

Le savon est un produit créé dans le but de nettoyer des objets et des personnes. Les savons proviennent d'acides gras, combinant un alkyle avec un métal afin de produire un type de produit spécifique. Les premiers documents indiquent que la première fabrication de savon aurait eu lieu en 2800 av. J.-C. à Babylone, en combinant des huiles et de la cendre de bois. Les cultures ultérieures utilisaient des graisses animales avec des diverses huiles et cendres. Le savon était initialement utilisé pour nettoyer le tissu.

Les Gaulois ont été parmi les premiers à documenter ouvertement l'utilisation du produit pour nettoyer le corps, bien qu'il soit probable que d'autres cultures l'aient utilisé de la même manière et n'en aient tout simplement pas tenu compte. Au fil du temps, la graisse animale est devenue moins populaire en tant qu'ingrédient en raison de l'odeur désagréable qu'elle a causé à certains savons. Alors qu'une variété d'huiles ont été utilisées pour le remplacer, l'huile d'olive était de loin la plus populaire en raison de son parfum neutre. Le savon spécialement parfumé n'est devenu populaire qu'après la révolution industrielle, lorsque le savon a commencé à être produit en masse. Dans l'ensemble, le savon nous aide à rester propres et à garder notre monde propre.

## 67. La chaîne de montage

Avant l'invention de la chaîne de montage, les travailleurs passaient beaucoup de temps à se déplacer pour trouver des produits et des outils. La chaîne de montage a pris des bandes transporteuses couramment utilisées dans la production alimentaire et les a introduites dans l'industrie manufacturière. Les travailleurs avaient un rôle unique et une bande transporteuse apportait les matériaux au travail, réduisant ainsi l'énergie et le temps nécessaires à la fabrication des produits. L'inventeur de cette méthode était Henry Ford. Ford a utilisé cette méthode pour faire de l'assemblage des automobiles un processus simple et rationalisé.

Le procédé a officiellement commencé à être utilisé en 1913 à l'usine d'assemblage de Highland Park. Cela a créé la construction du modèle T en une heure et demie. Bien que les travailleurs aient trouvé le processus fastidieux, Ford a pu surmonter cette préoccupation en doublant le salaire de ses employés. Rapidement, les travailleurs ont afflué pour travailler pour lui et d'autres fabricants ont mis en œuvre la même méthode. Ainsi, la création de la chaîne de montage a changé non seulement le processus de fabrication des automobiles, mais aussi le salaire attendu de ceux qui les construisent.

## 68. Le télescope

L'humanité a toujours été intéressée par le ciel, et plus précisément, les humains ont été particulièrement intéressés par les étoiles et les planètes dans notre ciel nocturne. Galilée a construit l'un des premiers télescopes en 1609, en utilisant les informations d'un brevet déposé par Hans Lipperhey en 1608. Ces télescopes utilisaient la réfraction pour améliorer les images du ciel nocturne. Plus tard, en 1668, Isaac Newton a construit un télescope qui utilisait la réflexion au lieu de la réfraction.

Des progrès ont été réalisés et la clarté de l'appareil a continué de s'améliorer. Les télescopes ont permis de mieux comprendre l'espace, les planètes et les étoiles. Ils nous ont aidés à reconnaître les schémas de mouvement de notre système solaire, à voir clairement les surfaces d'autres planètes et à découvrir de nouvelles planètes. Les télescopes modernes, tels que le télescope Hubble, sont si puissants qu'ils peuvent même nous permettre de voir d'autres galaxies situées à des millions de kilomètres.

## 69. La radio

La radio est un appareil de communication qui fonctionne principalement via l'utilisation d'ondes radio. Les ondes sont envoyées via un émetteur et sont ensuite captées par un récepteur radio. L'inventeur de la technologie a été un sujet controversé. Certains soutiennent que Nikola Tesla a inventé la radio, tandis que d'autres l'attribuent à Guglielmo Marconi. La première diffusion à un large public a été faite par Charles Herrold en 1910. À l'origine, les émissions étaient entièrement informatives et la radiodiffusion à des fins de divertissement n'a été envisagée qu'en 1920. C'est à cette époque que des segments de spectacles en direct ont été diffusés.

L'appareil était extrêmement populaire dans les années 1930, la plupart des foyers possédant une radio et de nombreuses universités offrant des cours de radiodiffusion. Aujourd'hui, la radio est utilisée pour transmettre des programmes d'information, des programmes de divertissement, des programmes éducatifs et de la musique. Alors que la popularité des radios traditionnelles diminue, les diffuseurs ont réussi à lutter contre cela en ajoutant leurs émissions à des applications spéciales trouvées sur les smartphones. L'avenir de la radio est incertain, mais en fin de compte, elle a joué un rôle important dans la communication historique.

## 70. Les systèmes de stockage Cloud

Pendant très longtemps, les gens ont dû stocker leurs documents sur des appareils physiques. Ces appareils comprenaient des disquettes, des CD-ROM et des lecteurs USB. Bien que ces inventions aient été formidables et aient facilité le stockage de l'information, elles avaient toutes un défaut majeur : elles devaient être physiquement présentes pour être utilisées. Si une personne oubliait ou perdait ses éléments de stockage, elle perdait également l'accès aux fichiers qu'ils contenaient.

Ce problème a été résolu par la création du stockage en nuage ( « Cloud » ), qui permet aux utilisateurs de sauvegarder leurs documents dans un cloud en ligne hébergé par une entreprise. La société stocke les données sur des serveurs et permet aux gens d'y accéder de n'importe où avec une connexion Internet. Le premier exemple de ce type de stockage de données remonte aux années 1960, lorsque J.C.R. Licklider a créé ARPANET. Cependant, ce type de service n'est devenu disponible au grand public qu'en 2006, lorsque Amazon Web Services a créé Amazon S3.

## 71. La machine de dialyse

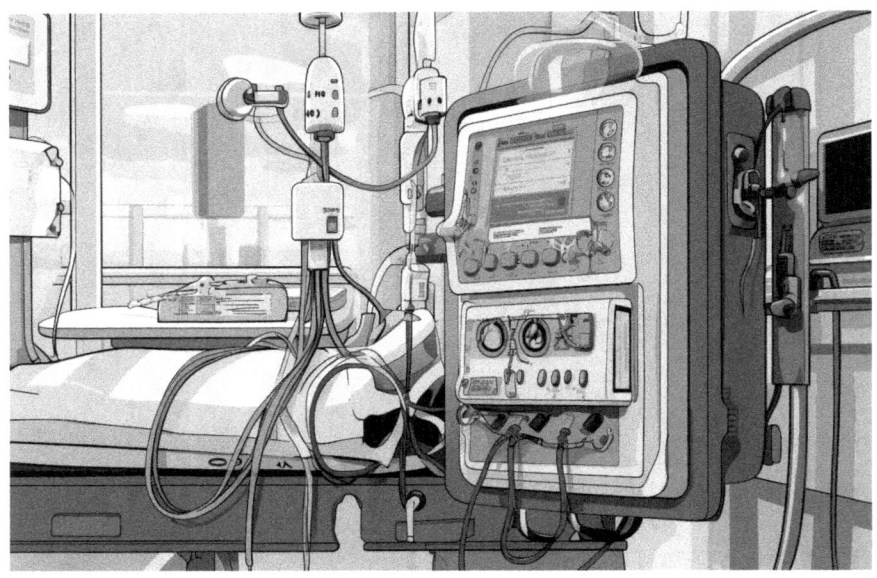

L'insuffisance rénale est une réalité terrifiante pour un grand nombre de personnes. Cependant, le concept était encore plus effrayant avant l'invention de la machine de dialyse. Les reins travaillent pour éliminer les toxines du corps humain. L'insuffisance rénale entraîne une accumulation de toxines indésirables qui peuvent nous empoisonner. La dialyse est un processus qui utilise une machine pour filtrer ces toxines lorsque les reins ne peuvent pas le faire eux-mêmes. La première utilisation réussie de l'appareil de dialyse a eu lieu en 1943 et la pratique a été utilisée depuis.

La plupart des utilisations de la dialyse sont temporaires. Elles s'appliquent principalement aux personnes atteintes de lésions rénales qui se rétablissent ou aux personnes atteintes d'insuffisance rénale qui attendent une greffe. Cependant, certaines personnes qui ne peuvent pas obtenir de greffe restent sous dialyse pour le reste de leur vie. Pour ces personnes, la dialyse peut prolonger leur espérance de vie et améliorer leur qualité de vie. L'appareil de dialyse a sauvé d'innombrables vies depuis son invention et les améliorations dans la science de la dialyse sont toujours en cours.

## 72. L'élimination des déchets

Dans les temps anciens, l'élimination des déchets humains n'était pas une préoccupation majeure car la plupart des déchets produits par les premiers humains étaient constitués de matériaux biodégradables. Par rapport aux populations modernes, les humains vivaient en petits groupes donc les déchets pouvaient être laissés à se dégrader naturellement en toute sécurité. Cependant, avec les changements dans le type de déchets produits et une population croissante, l'humanité n'était pas en mesure de maintenir ce processus pour toujours. Vers les années 1700, les déchets ont commencé à s'accumuler dans les villes, entraînant des problèmes d'assainissement et de santé.

Cependant, ce n'est qu'avec les épidémies de choléra des années 1800 que ce problème a été pris au sérieux. En 1846, le Royaume-Uni a adopté la Nuisance Removal and Disease Prevention Act, qui a lancé la quête de la gestion des déchets. En 1875, la Loi sur la santé publique a été adoptée, créant et imposant l'utilisation de poubelles.

Ces pratiques ont fini par s'étendre au reste du monde occidental. Sous peu, la plupart des administrations municipales ont adopté une forme d'élimination de déchets. Cela a permis un meilleur assainissement et de meilleurs résultats en matière de santé pour la société.

## 73. Le dentifrice

Nous tenons souvent cette invention pour acquise, sans nous rendre compte que la pâte mentholée n'existait pas autrefois. Le dentifrice est un produit utilisé pour nettoyer les dents et les protéger contre d'autres dommages. Il existe aujourd'hui une grande variété de dentifrices, aux saveurs et aux usages variés. Les premiers dentifrices étaient fabriqués à partir d'ingrédients similaires à ceux du savon, mélangés à des abrasifs pour aider à gratter la saleté des dents. Dans les années 1800, la poudre dentifrice a été inventée à partir de craie et de charbon de bois broyés. De nombreuses poudres dentifrices faisaient plus de mal que de bien et éliminaient l'émail des dents. Arm and Hammer proposait une version utile de cette poudre dentifrice, composée essentiellement de bicarbonate de soude. Les premières recettes de dentifrice comprenaient des ingrédients bizarres tels que du pain brûlé. Finalement, la société Colgate a mis sur le marché le premier dentifrice semblable à celui que nous connaissons aujourd'hui. En 1900, un dentifrice composé principalement de peroxyde d'hydrogène et de bicarbonate de soude a été créé. Ces ingrédients sont encore souvent utilisés aujourd'hui dans la production de dentifrice, car ils contribuent à blanchir les dents et à tuer les germes responsables des caries.

## 74. Les bibliothèques publiques

Le monde moderne repose sur l'utilisation d'Internet pour stocker et partager des informations. Bien que les humains utilisent encore des livres pour ces raisons, les livres ne sont pas aussi nécessaires qu'ils l'étaient avant l'invention du World Wide Web. Cependant, même lorsque les livres étaient une source nécessaire de connaissances, ils n'étaient pas toujours facilement disponibles. Les bibliothèques publiques étaient une tentative de permettre au grand public d'accéder à cette information avant l'époque d'Internet. Ces bibliothèques étaient souvent financées par des fonds publics et leur accès était gratuit ou à très faible coût.

Les toutes premières bibliothèques publiques sont d'origine sumérienne. Ces bibliothèques n'avaient même pas de livres, mais avaient des tablettes d'argile disponibles pour lire. Ces tablettes consistaient principalement en la collecte de données et l'enregistrement historique. Des bibliothèques comme celles-ci continuent d'être construites dans diverses villes. Parfois, elles étaient financées par le gouvernement, mais d'autres fois, par l'église. Les bibliothèques sont devenues de plus en plus accessibles à partir des années 1700 et aujourd'hui, même les petites villes ont souvent une bibliothèque locale. La création de ces services a participé à l'établissement d'une société plus intelligente et mieux informée.

## 75. L'engrais

Lorsque vous essayez de cultiver des plantes, il faut s'assurer que votre sol est riche en nutriments. Si le sol n'est pas naturellement riche en nutriments, il est souvent préférable de traiter le sol avec de l'engrais. L'engrais a été utilisé depuis l'Antiquité, et les archives indiquent qu'il était populaire dans l'Égypte ancienne et à Babylone. Bien que les premiers engrais n'aient pas été fabriqués comme l'engrais d'aujourd'hui, ils étaient toujours efficaces car ils utilisaient principalement des nutriments spécifiques tels que l'azote ou le fumier qui est encore utilisé dans les engrais modernes en raison de son efficacité. Au fil du temps, des additifs supplémentaires se sont également révélés efficaces dans la création des engrais.

Ces additifs comprennent la farine d'os, l'acide sulfurique et divers phosphates. La création et la production d'engrais ont été bénéfiques à de nombreux jardiniers et particuliers cultivant des potagers. Cependant, les gens qui en ont le plus bénéficié étaient ceux qui travaillaient dans l'agriculture. Les travailleurs agricoles dépendaient d'un sol riche en nutriments pour produire des biens. L'incapacité à produire ces biens entrainait une perte de salaire et potentiellement une perte d'emploi. La production de masse d'engrais a permis à l'industrie agricole de lutter contre les sols ayant perdu leurs nutriments et à assurer des récoltes réussies, quel que soit l'endroit.

## 76. La thérapie EMDR

La thérapie EMDR, également connue sous le nom de thérapie de désensibilisation et de retraitement des mouvements oculaires, est un type de thérapie utilisé pour traiter les symptômes du trouble de stress post-traumatique. La façon dont cette thérapie fonctionne est la suivante : on dit au client de se concentrer sur certains souvenirs traumatiques pendant qu'il bouge ses yeux d'un côté à l'autre d'une manière spécifique et répétitive. Cette technique a été inventée par Francine Shapiro dans les années 1980. Bien que beaucoup de controverses entourent la pratique, les preuves ont montré qu'il s'agissait d'un traitement efficace pour le trouble de stress post-traumatique et les problèmes associés.

La controverse entourant cette thérapie est que personne ne comprend exactement quel rôle les mouvements oculaires jouent pour aider les patients à surmonter les souvenirs traumatisants. Plusieurs théories existent, y compris la théorie selon laquelle ça aide les individus à terminer le traitement des événements traumatiques et une autre théorie affirmant que ça aide les individus à s'orienter vers leur réalité actuelle. Les organisations de santé et les gouvernements du monde entier recommandent maintenant ce traitement à ceux qui souffrent de souvenirs traumatiques. De nombreuses personnes ayant reçu ce traitement affirment qu'il les a considérablement aidés lorsque d'autres traitements étaient inefficaces. Ainsi, la thérapie EMDR a donné naissance à un traitement efficace qui autrement n'aurait pas pu être possible.

## 77. La pasteurisation

La pasteurisation est un processus où les produits sont traités avec de faibles quantités de chaleur afin de tuer les bactéries. Cela rend non seulement les produits plus sûrs, mais prolonge également leur durée de conservation. Le procédé a été inventé dans les années 1860 et nommé d'après Louis Pasteur. Initialement, le procédé a été inventé pour être utilisé sur le vin. Cependant, le produit pasteurisé le plus connu sur le marché aujourd'hui est le lait. Ce n'est pas le seul produit qui bénéficie de ce traitement.

Les produits suivants sont également pasteurisés avant la vente : alcool, aliments en conserve, produits laitiers, vinaigres et sirops. Les agents pathogènes spécifiques qui sont éliminés à l'aide de cette méthode comprennent le staphylocoque doré et la salmonelle. Certaines personnes se plaignent que les produits pasteurisés perdent leur qualité et leur goûtent différemment. Cependant, la plupart des gens considèrent que c'est un petit prix à payer pour éviter les maladies d'origine alimentaire. De nouvelles méthodes de pasteurisation continuent d'être inventées, permettant d'éliminer encore plus d'agents pathogènes de nos aliments.

## 78. Le baromètre

Alors que de nombreuses personnes ont entendu parler du thermomètre, moins de personnes connaissent son appareil frère, le baromètre. Le baromètre est un appareil utilisé pour mesurer la pression atmosphérique. Bien que cela ne semble pas être quelque chose qui aurait de l'importance pour la majorité des gens, les baromètres sont en fait d'excellents indicateurs du changement climatique. Avant les changements météorologiques, des changements subtils de pression atmosphérique se produisent. Avec les baromètres, il est possible de prédire les changements météorologiques bien avant qu'ils ne se produisent réellement. Le premier baromètre a été inventé par Evangelista Torriceli dans les années 1600. Cependant, l'appareil n'a pas été utilisé pour les prévisions météorologiques avant les années 1800.

Les météorologues accouplent les lectures des baromètres aux lectures de la vitesse et de la direction du vent afin de prédire les conditions météorologiques à court terme. Les météorologues modernes partagent les lectures des baromètres avec d'autres météorologues afin de créer une carte de la pression atmosphérique. Cela permet de donner des prévisions à plus long terme des conditions météorologiques.

Ainsi, la création du baromètre a aidé les gens à se préparer et à éviter les catastrophes météorologiques potentielles et a rendu la prévision du temps beaucoup plus facile.

## 79. Le microscope

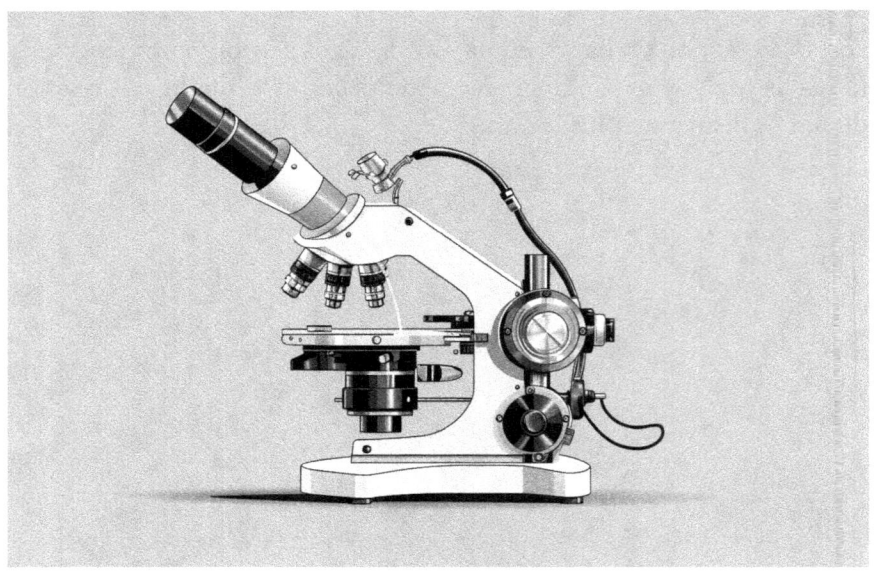

Le monde qui nous entoure est composé d'organismes qui sont si petits que nous ne pouvons pas les voir naturellement simplement en les regardant. Ces organismes doivent être vus à travers un outil spécial appelé microscope. Les premiers microscopes ont été inventés dans les années 1600 et utilisaient des lentilles composées afin de visualiser les micro-organismes. L'utilisation de ces appareils n'a pris son essor que vers 1650, lorsque les scientifiques ont commencé à les utiliser pour étudier la biologie et la médecine.

Les microscopes à cette époque étaient appelés microscopes optiques en raison de leur utilisation de lentilles à condensateur pour focaliser la lumière sur des zones spécifiques d'un échantillon. Cela a permis la découverte éventuelle de spermatozoïdes et de cellules sanguines, ce qui a entraîné des progrès supplémentaires dans le dispositif.

Finalement, le microscope électronique très puissant a été créé, ce qui a permis des résolutions plus élevées et la visualisation d'organismes encore plus petits. Aujourd'hui, les microscopes sont encore utilisés régulièrement dans le domaine médical et dans divers types de recherche. Sans cette invention, nous serions encore complètement ignorants du monde microscopique.

## 80. Les chaussettes de compression

Parfois, une position debout ou une marche excessive peut provoquer une accumulation de sang dans le bas des jambes. Cela peut causer une variété de problèmes, mais le problème le plus courant qui en résulte est la douleur aux jambes. Pour les personnes qui ont déjà des problèmes cardiovasculaires, les conséquences de l'accumulation de sang peuvent être plus graves. La thrombose et l'œdème peuvent être une conséquence malheureuse de l'accumulation de sang dans le bas des jambes. Heureusement, les chaussettes de compression et les bas de compression sont des dispositifs qui ont été créés afin de lutter contre l'accumulation de sang dans les membres inférieurs.

Ces chaussettes produisent une pression sur les pieds, les chevilles et les jambes. Cela empêche le sang de s'accumuler et augmente l'efficacité des artères et des veines. D'autres chaussettes médicales spéciales sont fabriquées pour ceux qui ont des troubles cardiovasculaires. Ces bas de compression sont nettement plus résistants que ceux vendus en vente libre - ceux-ci étant conçus pour les athlètes et les personnes qui travaillent sur leurs pieds. Bien que ces bas ne puissent pas traiter les problèmes cardiovasculaires, ils peuvent aider à prévenir les douleurs inutiles dans le bas des jambes.

## Le saviez-vous ?

Le nombre d'or, souvent représenté par la lettre grecque ϕ (Phi), est une constante mathématique approximativement égale à 1,61803398875. Ce nombre a intrigué les mathématiciens, les artistes, les architectes et les naturalistes pour son apparition surprenante et récurrente dans divers domaines.

Son attrait réside dans son équilibre naturel et sa beauté visible. Voici comment le nombre d'or a fait écho à travers l'histoire et les disciplines :

• Art : Des artistes renommés, tels que Léonard de Vinci, auraient utilisé le nombre d'or dans leurs chefs-d'œuvre comme la Joconde, affirmant un attrait esthétique qui est naturellement agréable à l'œil humain.

• Architecture : Le Parthénon d'Athènes, un temple dédié à la déesse Athéna, présente des proportions qui incarnent le nombre d'or, soulignant sa beauté architecturale intemporelle.

• La disposition en spirale des feuilles et des fleurs chez les plantes, le motif des graines dans un tournesol et la spirale dans les galaxies comme la Voie lactée montrent tous cette proportion unique. Même les modèles de reproduction des lapins, tels qu'explorés par Léonard de Pise dans la séquence de Fibonacci, approchent le nombre d'or.

• Corps humain : La proportion de nos os de doigts, la disposition de nos traits du visage et d'autres proportions corporelles reflètent souvent le nombre d'or. Certains suggèrent que cette proportion est un standard universel de beauté.

Le nombre d'or témoigne de l'interconnexion des mathématiques avec le monde naturel et artificiel, agissant comme un fil sous-jacent qui se faufile à travers la tapisserie du temps et de la culture.

## 81. La bombe atomique

La bombe atomique est une invention qui a été particulièrement utile et particulièrement nocive pour l'humanité. La première bombe atomique déployée avec succès a été construite par le gouvernement des États-Unis. Cette bombe a été larguée sur la ville japonaise d'Hiroshima pendant la Seconde Guerre mondiale le 6 août 1945. Une bombe supplémentaire a été larguée sur Nagasaki trois jours plus tard, le 9 août. Ces bombes ont causé la destruction massive de bâtiments, des milliers de morts en raison des effets immédiats de l'explosion, et des milliers d'autres morts dues à l'empoisonnement par radiation.

Ces bombes ont été larguées en représailles à une attaque sur Pearl Harbor, une base navale située à Hawaii. Depuis ces attaques, la bombe atomique n'a pas été utilisée dans la guerre. Plusieurs pays ont développé des bombes atomiques et les ont déployées pour des raisons expérimentales. Cependant, les utiliser dans la guerre serait une condamnation à mort imminente pour l'humanité, car d'autres bombes nucléaires seraient larguées en représailles. Les radiations des multiples bombes se répandraient sur tous les continents. Cela a mené à des négociations et discussions diplomatiques entre les pays sur la nécessité d'éviter la guerre nucléaire.

## 82. La messagerie texte

Après la création du téléphone portable, il était devenu plus facile que jamais d'appeler les gens, peu importe où ils se trouvaient. Cependant, beaucoup de gens ne trouvaient pas les appels téléphoniques vraiment pratiques, même s'ils pouvaient le faire en déplacement.

La messagerie texte a été inventée comme un moyen de communication sans avoir à appeler les gens. Les messages texte SMS (ou service de messages courts) ont été les premiers messages texte à être envoyés par téléphone mobile. Ce système de messagerie a été officiellement ouvert au public en 1994. Les premiers systèmes de messagerie texte exigeaient que les utilisateurs appartiennent au même réseau téléphonique. Ce n'est que quelques années plus tard que la connectivité inter-réseaux a été possible.

Malgré ces progrès, la messagerie texte sur les premiers téléphones n'était pas facile à faire car il y avait un clavier limité nécessitant l'utilisation de plusieurs clics pour choisir une lettre. Au milieu des années 2000, les textos illimités étaient une caractéristique courante de la plupart des forfaits téléphoniques. De plus, la plupart des téléphones ont maintenant un clavier alphanumérique similaire à ce que l'on trouve sur un ordinateur portable. C'est à cette époque que les textos sont devenus populaires, et maintenant la majorité des gens utilisent le service sur leur téléphone quotidiennement.

## 83. La machine cardiaque pulmonaire

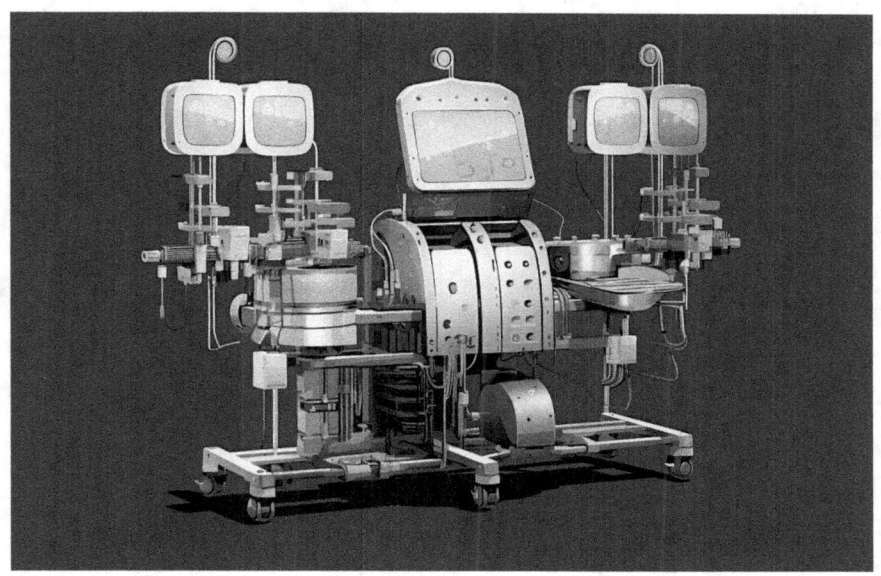

La machine cardiaque pulmonaire, officiellement connue sous le nom de machine de dérivation cardiopulmonaire, est une machine qui prend temporairement en charge les fonctions de respiration et de circulation sanguine pour un corps humain. La machine est le plus souvent utilisée en chirurgie cardiaque car les effets des anesthésiques et des paralytiques interfèrent parfois avec la capacité d'un patient à respirer et à réguler son rythme cardiaque par lui-même, surtout si le cœur est activement travaillé.

Bien que les plans de la machine aient été créés au début des années 1900, ce n'est qu'en 1951 que la machine a été utilisée avec succès sur un patient humain. Cependant, le patient est décédé plus tard en raison d'une malformation cardiaque.

Aujourd'hui, la machine est couramment utilisée dans les opérations cardiaques et est contrôlée par quelqu'un appelé perfusionniste. Il existe des risques associés à l'utilisation de la machine, bien qu'ils soient rares. Cependant, plus un patient reste longtemps sur la machine, plus le patient présente un risque de complications. Ainsi, la machine n'est utilisée que durant les opérations et d'autres appareils sont utilisés si des soins de longue durée sont nécessaires.

## 84. Les anti-inflammatoires non stéroïdiens

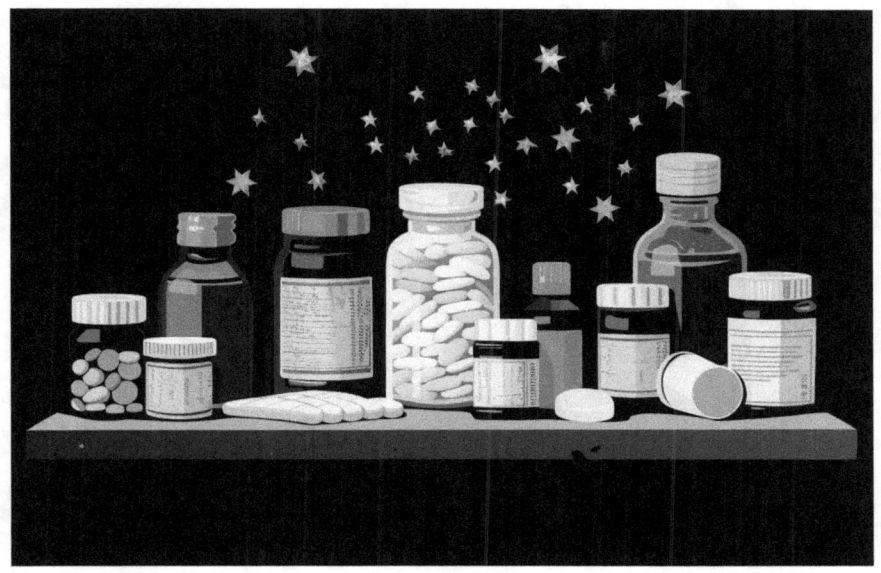

Les traitements les plus courants pour l'inflammation dans le corps sont l'utilisation de stéroïdes. Cependant, l'utilisation de stéroïdes a plusieurs effets secondaires et leur utilisation à long terme peut entraîner des complications telles que le développement d'une résistance à l'insuline et d'un système immunitaire affaibli. Le développement d'anti-inflammatoires non stéroïdiens, ou AINS, permet le traitement de l'inflammation avec un risque réduit d'effets secondaires graves. Ces médicaments comprennent l'aspirine, le naproxène et l'ibuprofène.

Le premier AINS à être développé était l'aspirine, qui a été développée en 1897 par Felix Hoffman. Les AINS ultérieurs n'ont été développés que dans les années 1950. Ces médicaments sont utilisés pour traiter une variété de maladies et de conditions, y compris la douleur chronique, l'inflammation, et pour aider à prévenir la coagulation du sang. Souvent, les seules alternatives aux AINS sont les stéroïdes, qui peuvent causer des effets secondaires dangereux, et les opioïdes, qui peuvent conduire à une dépendance.

Ainsi, les AINS sont devenus un traitement populaire pour la douleur qui est due à une inflammation ou une douleur qui n'est pas assez grave pour justifier le risque d'utilisation de stéroïdes ou d'opioïdes.

## 85. La télévision

La télévision est un appareil courant dans la majorité des foyers à travers le monde. Il est difficile d'imaginer une époque où cet appareil n'existait pas. Pourtant, jusqu'aux années 1920, cet appareil n'était même pas une pensée dans la tête de quelqu'un. À cette époque, John Logie Baird a inventé la première télévision, changeant à jamais la façon dont les humains communiquent et se divertissent

Les trente premières années qui ont suivi l'invention de la télévision ont consisté en des affichages publics pour attirer l'attention, la création d'émissions de télévision et le dépannage des dysfonctionnements au fur et à mesure qu'ils survenaient.

Enfin, dans les années 1950, les gens ont commencé à acheter la télévision pour un usage domestique et ont commencé à la considérer comme leur principale source de médias. Les nouvelles étaient diffusées via ce modèle, ce qui a mené au début du déclin des nouvelles radiophoniques et de l'utilisation des journaux. Des progrès ont été réalisés, conduisant à la création de la télévision en couleur et à une augmentation de la taille de l'écran. Depuis, les anciens modèles encombrants ont été remplacés par des modèles à écran plat.

Aujourd'hui, de nombreuses télévisions ont des capacités supplémentaires telles que la connectivité Internet. Leurs capacités continuent de changer avec les nouvelles avancées technologiques.

## 86. L'essence

L'essence est un liquide créé à partir de la distillation du pétrole. Il est utilisé comme source de carburant dans les moteurs à combustion et est la source d'énergie la plus courante pour les véhicules à moteur. Edwin Drake a découvert l'essence pour la première fois par accident lors du raffinage du pétrole brut en kérosène - l'essence étant un sous-produit de ce processus. À l'époque, l'essence n'avait pas d'utilité donc elle était souvent brûlée dans les raffineries. Mais finalement, Nicolaus Otto a créé un moteur à combustion capable de fonctionner à partir de la substance.

Cela a remplacé les moteurs précédents qui reposaient sur des liquides très volatils. L'essence a rapidement commencé à remplacer d'autres matériaux, tels que le charbon. Pendant la Première Guerre mondiale, l'essence est devenue une source de carburant primaire pour les avions, ce qui a entraîné un besoin supplémentaire de carburant afin de contribuer aux efforts de guerre.

Aujourd'hui, l'essence continue d'être la principale source de carburant utilisée dans les automobiles. D'autres utilisations comprennent le carburant pour les bateaux, le carburant pour les avions et comme ingrédient dans divers équipements utilisés dans la construction. Ainsi, l'essence a radicalement changé l'industrie du transport.

## 87. Les bêta-bloquants

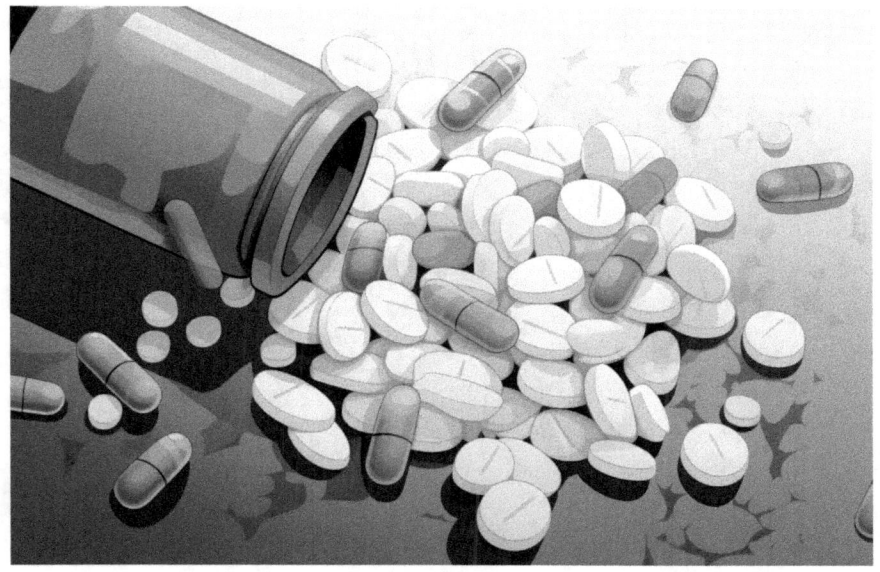

Les bêta-bloquants sont des médicaments connus sous le nom d'antagonistes compétitifs. En bloquant la capacité du corps à utiliser l'adrénaline et la noradrénaline, les bêta-bloquants sont capables de prévenir une variété de conditions préoccupantes telles que l'arythmie cardiaque (lorsque le cœur bat à la mauvaise vitesse ou au mauvais rythme). Cette classe de médicament a été inventée par James Black en 1964 lorsqu'il a créé le propranolol et le pronethalol. D'autres médicaments de cette classe ont également été créés, tels que le nadolol et l'aténolol.

Ces médicaments ont changé la façon dont de nombreuses maladies cardiaques sont traitées et ont permis une gestion plus efficace des maladies cardiovasculaires. Les conditions suivantes sont maintenant couramment gérées via l'utilisation de bêta-bloquants : hypertension, angine de poitrine, prévention des crises cardiaques, arythmies, insuffisance cardiaque, migraine, certains types de tremblements et certains troubles anxieux. Sans bêta-bloquants, des traitements plus dangereux et moins efficaces seraient le principal moyen de traiter la plupart de ces troubles, ajoutant un risque supplémentaire. Ainsi, les bêta-bloquants ont rendu le traitement de ces maladies plus sûr et plus efficace.

## 88. La VHS

La VHS, également connue sous le nom de Video Home System, était une cassette qui permettait aux individus de jouer des films et des émissions de télévision sur un téléviseur à l'aide d'un lecteur VHS spécial. L'appareil a été inventé dans les années 1950 mais n'a été utilisé initialement que dans des environnements professionnels en raison de coûts de production. Ce n'est que dans les années 1970 que l'utilisation de l'appareil à domicile est devenue abordable.

Ces appareils ont été les premiers à permettre aux gens de regarder leurs films et émissions préférés à la maison sans avoir à compter sur le câble ou la diffusion par satellite. Il est devenu possible de collectionner ses émissions préférées pour les regarder à plusieurs reprises. Cela a changé la façon dont les gens regardaient les films et la télévision. Le lecteur VHS est passé de mode en raison de la création d'appareils plus pratiques tels que le lecteur DVD. Bien qu'aujourd'hui, l'utilisation de lecteurs VHS ne soit pas courante, les gens conservent encore les habitudes des visionnages répétitifs créées à partir de ce produit.

## 89. Les transports en commun

Les transports en commun sont souvent imaginés comme un accès public aux bus et aux métros. Bien que cela soit vrai pour les transports en commun modernes, les transports publics existent sous d'autres formes depuis l'Antiquité. Dans les temps anciens, les voyages terrestres étaient facilement réalisés en marchant ou en faisant du vélo à dos d'âne et à cheval. Les déplacements sur l'eau, cependant, étaient généralement inaccessibles à moins de posséder son propre bateau. Cela a encouragé certaines villes anciennes à créer des ferries à usage public. Au final, la nécessité de parcourir de plus grandes distances sur terre est devenue courante.

Cela a mené à l'invention des diligences publiques, qui étaient des charrettes tirées par des chevaux dans lesquelles les citoyens pouvaient monter pour parcourir de longues distances. Par après, les bateaux et trains tirés par des chevaux sont également devenus courants. Enfin, avec les progrès des automobiles motorisées, les autobus et les tramways ont pris le relais comme principale source de transport public dans les grandes villes.

Aujourd'hui, alors que de nombreuses personnes possèdent leur propre véhicule, les transports en commun sont encore souvent utilisés en raison des prix élevés du carburant et de l'impact environnemental moindre du partage des trajets par rapport à la conduite de sa propre voiture. De plus, les transports en commun ont rendu les déplacements beaucoup plus abordables pour ceux qui ne possèdent pas leur propre véhicule.

## 90. La théorie de l'évolution

La théorie de l'évolution telle que nous la connaissons a été créée lorsque Charles Darwin a écrit son célèbre livre, « De l'Origine des Espèces » . Avant que cette théorie ne soit découverte, les gens supposaient qu'il n'y avait pas de lien entre les espèces. Parfois, lorsque les liens entre deux espèces étaient évidents (comme avec les loups et les coyotes), les gens supposaient une relation mais ne pensaient jamais que l'espèce provenait en fait d'un ancêtre similaire. Lorsque Darwin a proposé ses théories, de nombreuses personnes ont été contrariées car elles s'opposaient directement au littéralisme religieux et à l'histoire de la création dans la Bible.

Cependant, au fil du temps, la théorie a été acceptée comme précise, du moins à micro-échelle, car des changements d'espèces ont depuis été enregistrés. La théorie affirme que de nouvelles espèces se forment lorsque les espèces existantes s'adaptent à leur environnement par la sélection naturelle. Certains caractères sont supprimés et d'autres sont introduits, ce qui mène à la création de nouvelles espèces. Cette théorie nous a aidé à lier diverses espèces du monde animal, nous permettant aussi d'en apprendre davantage sur les animaux aujourd'hui éteints.

Bien que certaines personnes considèrent encore la théorie controversée, elle est actuellement globalement acceptée comme un fait et enseignée dans la plupart des écoles.

## 91. La datation au carbone

La datation au carbone, également connue sous le nom de datation au radiocarbone, est une méthode de détermination de l'âge d'un objet inventée par Willard Libby en 1947. Le processus ne fonctionne que sur des matériaux organiques, ou des objets qui étaient autrefois vivants. En effet, le processus repose sur le radiocarbone, un isotope radioactif du carbone présent dans les créatures vivantes. Le carbone radioactif est créé dans l'atmosphère et absorbé par les plantes. Les animaux herbivores mangent ces plantes et ensuite d'autres animaux mangent ces animaux herbivores. Cela répand le carbone radioactif tout au long de la chaîne alimentaire.

Une fois qu'un organisme meurt, il n'ingère plus de carbone radioactif. L'isotope commence à se désintégrer à la mort et a une demi-vie de près de 6000 ans. Les scientifiques sont capables de mesurer la quantité de cet isotope radioactif dans un objet pour déterminer depuis combien d'années il a cessé d'ingérer du carbone. Le processus ne fonctionne que sur des créatures qui étaient vivantes il y a moins de 50 000 ans, mais c'est plus que suffisant pour nous donner des informations que nous n'avions pas auparavant sur les espèces qui existaient avant nous.

## 92. Le système de numération arabe hindou

Le système de numération arabe hindou a été inventé entre 1 et 3000 après JC. C'était le premier système à utiliser dix chiffres placés dans différentes séquences pour représenter une variété de nombres. L'ajout d'une décimale pourrait également mener à ce que des parties d'un tout soient représentées via les symboles. Il existe de multiples variantes du système, le système le plus connu au monde étant celui du système de numération arabe occidental. C'est probablement le système qu'on vous a enseigné si vous lisez ce livre.

Les nombres de zéro à neuf constituent le système et sont combinés pour produire des nombres à plusieurs chiffres. Le système de numération arabe oriental est l'autre système encore utilisé, bien que son utilisation soit limitée aux pays du Moyen-Orient. Le système est extrêmement similaire car il a dix symboles différents qui représentent les nombres de zéro à neuf. Les symboles peuvent être disposés de la même manière que le système de numération arabe occidental.

## 93. Le smartphone

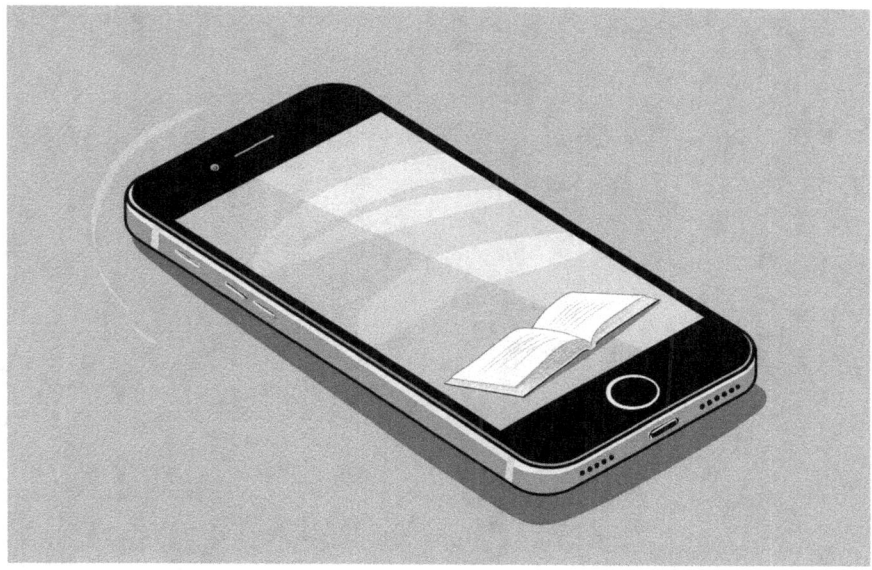

Un smartphone est un téléphone cellulaire qui possède également diverses capacités informatiques que n'ont pas les téléphones ordinaires. Les premières versions de l'appareil ont tenté de fusionner le concept d'un téléphone portable avec le concept d'assistant numérique personnel (ou PDA). Ces smartphones, initialement créés dans les années 1990, étaient impopulaires en raison de leur taille et d'une faible batterie. Cependant, avec les progrès technologiques de la fin des années 2000 et du début des années 2010, l'idée a pu gagner du terrain et les smartphones sont devenus des appareils populaires.

Les smartphones modernes sont capables d'appeler et d'envoyer des SMS tout en exécutant des applications qui leur permettent de fonctionner de la même manière qu'un ordinateur. Les gens utilisent des smartphones pour jouer à des jeux, partager des médias, consulter les réseaux sociaux, faire des recherches sur Internet et même modifier des documents. Cela permet aux gens d'effectuer leurs tâches informatiques quotidiennes à partir de n'importe quel endroit, ce qui permet une expérience client plus pratique.

Vraiment, le smartphone est la réalisation de l'affirmation qu'un jour les humains auront des ordinateurs dans leurs poches.

## 94. Le DVD

De nombreuses personnes nées avant le début des années 2000 se souviennent d'une époque où les cassettes VHS étaient le principal moyen de regarder des films et des émissions de télévision - qui ne jouent pas actuellement sur une antenne parabolique. Ces personnes se souviendront peut-être de la tâche fastidieuse de rembobiner ces cassettes VHS et de la frustration de voir une bande endommagée et incapable de jouer. Le DVD, également connu sous le nom de disque vidéo numérique, était un produit inventé afin de lutter contre les limitations de la bande VHS. Bien que le produit ait été créé en 1996, il n'a atteint le succès du grand public que vers l'an 2000.

Peu de temps après, les ventes de lecteurs DVD ont commencé à dépasser les ventes de lecteurs VHS, et plusieurs consoles de jeux ont été équipées de capacités de lecture de DVD. Les DVD avaient plusieurs caractéristiques que les cassettes VHS n'étaient pas capables d'avoir, y compris la possibilité de choisir directement une scène d'un film à jouer, la possibilité d'avoir des fonctionnalités spéciales supplémentaires, y compris des jeux interactifs, et la possibilité d'avoir des options audio dans différentes langues. Bien que les services de streaming soient devenus plus populaires ces dernières années, les DVD restent le principal moyen par lequel les gens peuvent stocker des films et des émissions de télévision dont ils veulent conserver une copie physique pour les regarder à plusieurs reprises.

## 95. Le réfrigérateur

Avez-vous déjà entendu une personne âgée parler d'un réfrigérateur comme d'une glacière ? Il y a une raison pour laquelle certaines personnes âgées utilisent ce terme. Jusqu'aux années 1930, on ne trouvait pas de réfrigérateurs dans la plupart des foyers. Au lieu de cela, des boîtes en bois maintenues au frais grâce à de la glace étaient utilisées pour stocker des aliments froids. Malgré cela, la technologie des réfrigérateurs a été inventée en 1755 par William Cullen. Malheureusement, les premiers modèles étaient souvent dangereux et facilement cassés.

Cependant, dans les années 1860, certains modèles sont devenus disponibles pour un usage commercial, empêchant les articles dans les usines de conditionnement de viande et les brasseries de devenir mauvais. Ces modèles fuyaient parfois de l'ammoniac et du dioxyde de soufre, ce qui les rendait trop dangereux et coûteux pour un usage résidentiel. Ce n'est que lorsque ces produits chimiques ont été remplacés par un composant beaucoup plus sûr, le fréon, que l'utilisation à domicile a commencé à devenir populaire. Enfin, les gens ont pu stocker des aliments froids en toute sécurité et efficacement sans avoir à manipuler de gros blocs de glace fondante.

## 96. La prothèse dentaire

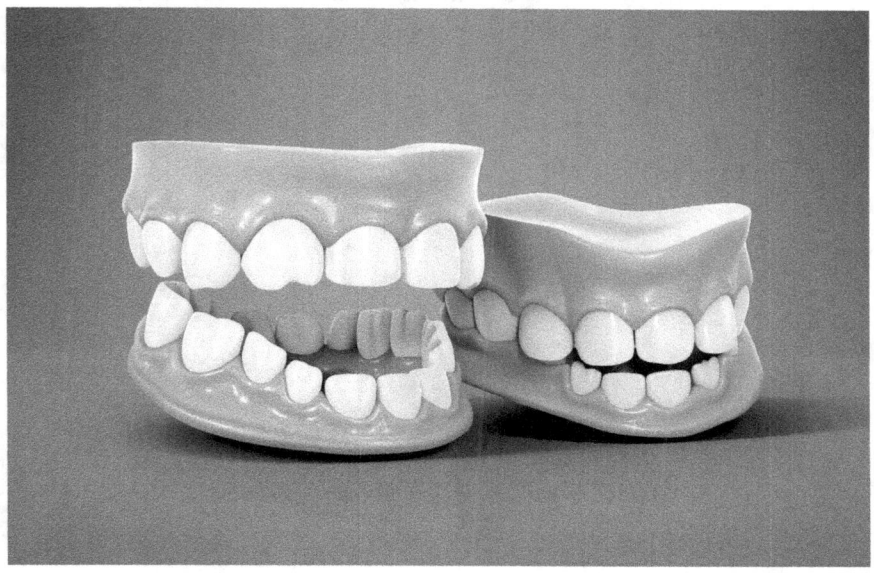

Bien qu'aujourd'hui, les prothèses dentaires ne semblent pas nécessairement être quelque chose de spécial, leur invention a changé la vie de nombreuses personnes. Les premiers ensembles de prothèses dentaires ont été fabriqués à partir de dents réelles prélevées sur des êtres humains ou des animaux. C'était le processus utilisé pendant les temps anciens et ce processus continuait d'être utilisé jusqu'à ce que des variantes plus modernes du produit aient été inventées. Au 16ème siècle, les Japonais ont commencé à utiliser le bois pour créer leurs prothèses dentaires. Enfin, en 1770, le premier ensemble de prothèses en porcelaine est réalisé par Alexis Duchateau.

Eh bien, tout le monde sait que l'un des principaux avantages des prothèses dentaires est que l'individu peut mâcher et manger normalement. Mais les gens ne réalisent pas que ce n'est pas la seule façon dont les prothèses dentaires sont bénéfiques aux personnes qui les portent. Sans prothèses dentaires, les os et les tissus de la bouche et de la mâchoire se déplacent et changent de manière incontrôlable. Cela peut entraîner de la douleur et de la défiguration au fil du temps.

L'invention des prothèses dentaires a non seulement permis aux gens de manger confortablement, mais elle a également empêché l'excès de douleur et les potentiels changements faciaux indésirables. Ainsi, les prothèses dentaires ont radicalement changé la vie de ceux qui n'ont pas de dents.

## 97. Le Prozac

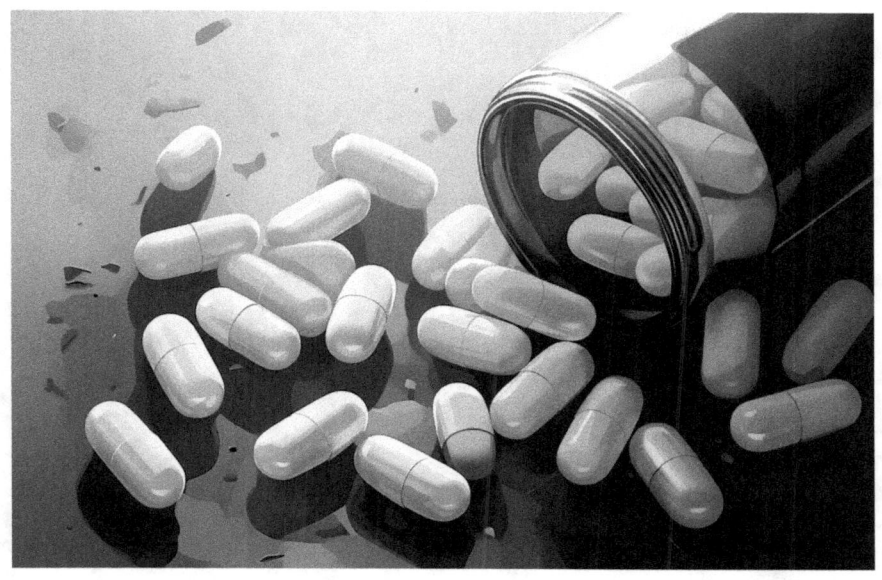

Le Prozac, également connu sous le nom de fluoxétine, est un médicament connu sous le nom d'inhibiteur de la recapture de la sérotonine. Ce médicament aide à prévenir les symptômes de certains troubles mentaux tels que le trouble obsessionnel-compulsif, le trouble dépressif majeur et le trouble d'anxiété généralisée. Le médicament fonctionne en bloquant la capacité du corps à réabsorber et à éliminer l'excès de sérotonine, une substance chimique dans le cerveau responsable du bonheur, forçant le cerveau à utiliser tout l'approvisionnement.

Pour les personnes atteintes des troubles ci-dessus, on pense qu'elles produisent suffisamment de sérotonine, mais que le corps en dispose la majeure partie avant qu'elle ne puisse être utilisée. Le Prozac a été découvert en 1974 par David T. Wong. Depuis lors, il est devenu largement prescrit et a permis la découverte de plusieurs médicaments similaires tels que Zoloft (sertraline), Lexapro (escitalopram) et Celexa (citalopram). Les effets secondaires de ces médicaments sont minimes par rapport à d'autres antidépresseurs et anxiolytiques. Étant la principale forme de traitement pharmacologique pour de nombreux troubles mentaux, le Prozac et d'autres ISRS ont rendu le traitement plus facile et plus sûr.

## 98. Le moteur électrique

Le moteur électrique est une machine qui utilise l'électricité pour créer de l'énergie mécanique. L'appareil repose sur un champ électromagnétique pour alimenter le produit. Ces appareils peuvent être alimentés par des sources telles que des batteries ou par l'électricité d'un réseau électrique. Le moteur fonctionne en créant de la force par couple. William Sturgeon a inventé le premier moteur électrique à piles en 1832. Ces moteurs à batterie ont été utilisés dans une variété de machines, y compris des outils portables et des appareils de cuisine.

De plus, ces moteurs étaient parfois utilisés pour alimenter les presses à imprimer. Au fur et à mesure de la réalisation de nouveaux progrès, les moteurs sont devenus plus durables et plus silencieux à utiliser. Ils ont lentement commencé à être utilisés dans plus de produits. Ces moteurs ont été utilisés dans l'automatisation de la main-d'œuvre, la création de systèmes CVC et dans une variété de travaux de fabrication. Finalement, les moteurs électriques ont mené à l'invention des ascenseurs et des escaliers mécaniques.

Vraiment, ces moteurs étaient innovants dans leur capacité à fonctionner hors des batteries et du réseau électrique. Ils ont été particulièrement utiles dans l'avancement des petits appareils, dont beaucoup n'auraient pas pu être inventés autrement.

## 99. L'appareil dentaire

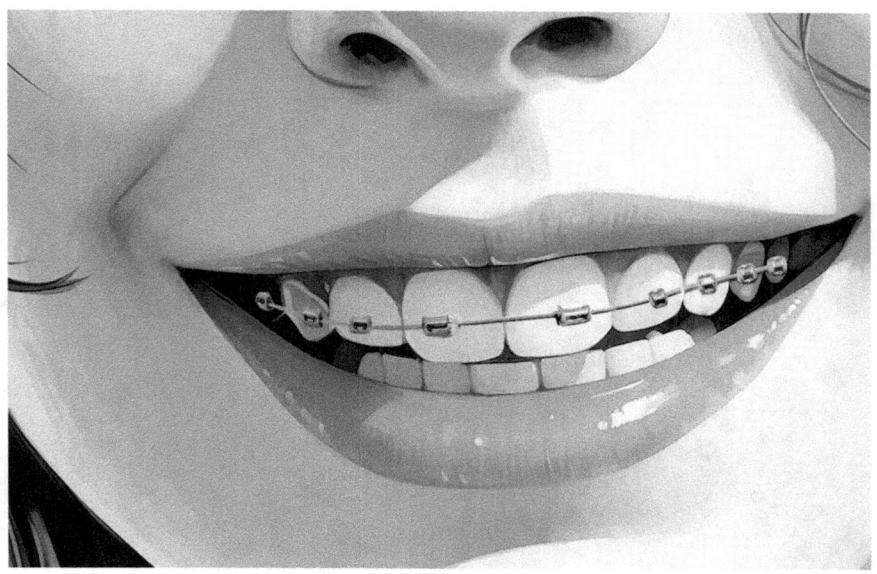

Bien que personne n'aime avoir un appareil dentaire, il joue en fait un rôle très important dans l'hygiène bucco-dentaire et la santé. Son invention a permis aux dentistes et aux orthodontistes de résoudre des problèmes qui étaient essentiellement incurables dans le passé. Les appareils dentaires sont utilisés pour déplacer les dents dans la bouche d'une personne. Les fils et les crochets sont utilisés pour exercer une pression dans diverses parties de la bouche et forcer lentement la bouche, les dents et même la mâchoire à se déplacer dans la position souhaitée.

Ce procédé a été inventé par Christophe-François Delabarre et se faisait principalement avec des fils. Finalement, de l'équipement supplémentaire a été ajouté au processus, y compris des élastiques et des crochets. Au fil du temps, les appareils dentaires sont devenus plus courants et disponibles pour utilisation. La popularité des appareils dentaires entraîne une diminution des problèmes dentaires causés par une mauvaise hygiène buccale, une diminution des troubles de la parole et une diminution des maladies parodontales (également connues sous le nom de maladie des gencives).

## 100. Le climatiseur

Pendant la majeure partie de l'histoire, refroidir sa maison était une question d'utilisation de la technique passive. Les maisons étaient construites de manière à ce que l'architecture encourage le refroidissement si la maison était située dans un climat chaud. De plus, les fenêtres étaient souvent laissées ouvertes pour favoriser le refroidissement pendant les mois chauds de l'été. Bien que cela ait été efficace pour maintenir les températures à l'intérieur d'une maison à un niveau sûr, ça n'a pas nécessairement aidé à les maintenir à un niveau de température confortable. En 1901, Willis H. Carrier a inventé la première unité de climatisation moderne, changeant la façon dont nous gérons la température de nos maisons.

Initialement, ces unités de climatisation étaient utilisées dans les commerces et l'industrie Les propriétaires d'entreprise avaient souvent intérêt à garder les marchandises à la bonne température et à la bonne humidité. En 1914, l'appareil est finalement devenu disponible pour un usage domestique. Depuis lors, l'appareil a été amélioré à plusieurs reprises, la première fois étant l'invention de l'unité de fenêtre. Au fil du temps, tous les nouveaux modèles de climatisation sont devenus plus efficaces, plus puissants et plus durables, gardant l'humanité en sécurité et saine d'esprit par temps chaud.

## Le saviez-vous ?

Le concept de « découverte multiple » ou d'« invention simultanée » fait référence au phénomène par lequel plusieurs scientifiques ou inventeurs, travaillant indépendamment, arrivent à la même découverte ou invention à peu près au même moment. Cet événement intrigant met en évidence l'idée que lorsque les bonnes bases sociétales, technologiques et intellectuelles sont présentes, il est possible pour différents individus de converger vers la même pensée ou solution innovante.

Historiquement, il y a eu de nombreux cas de découvertes multiples. Voici quelques exemples célèbres :

• Théorie atomique : John Dalton en Angleterre et Amedeo Avogadro en Italie ont tous deux contribué de manière significative au développement de la théorie atomique au début du 19ème siècle, bien qu'ils aient abordé le sujet sous différents angles et sur la base de preuves différentes.

• Plusieurs inventeurs, dont Samuel Morse aux États-Unis, et Sir William Fothergill Cooke et Charles Wheatstone en Grande-Bretagne, ont développé des variantes du télégraphe au cours de la même période, dans les années 1830.

• Théorie de la relativité : Alors qu'Albert Einstein est le nom le plus célèbre associé à la théorie de la relativité, Hendrik Lorentz et Henri Poincaré ont apporté des contributions significatives aux mêmes idées et concepts à peu près à la même époque, au début du 20ème siècle.

Ces exemples, parmi beaucoup d'autres, démontrent que le contexte au sens large – composé de connaissances antérieures, de besoins sociétaux et de technologies disponibles – peut souvent préparer le terrain pour que plusieurs personnes arrivent simultanément à des conclusions ou à des inventions identiques ou similaires.

## 101. Le calcul

Le calcul est souvent un sujet sur lequel les gens ont tendance à plaisanter en raison de sa rigueur et de sa difficulté. Cependant, l'humanité a beaucoup bénéficié du sujet du calcul infinitésimal et de son invention. Le calcul est le type de mathématiques qui étudie les nombres derrière le changement continu. Le sujet a en fait été inventé par deux individus en même temps, les deux étant complètement inconscients du travail de l'autre. Sir Isaac Newton et Gottfried Wilhelm Leibniz ont tous deux inventé le calcul infinitésimal et l'ont publié en même temps, au 17ème siècle.

L'invention de l'étude a eu un impact considérable sur l'ingénierie, dont les structures sont civiles, mécaniques et électriques. De plus, le calcul a amélioré le domaine médical, permettant aux médecins d'évaluer correctement l'état d'un patient en utilisant les données trouvées dans les tests. Le calcul est également utilisé dans l'analyse de la recherche, la météorologie, la musique et les affaires. Tous ces champs en ont besoin pour suivre les changements, ce qui entraîne la mise en œuvre du calcul. Ainsi, l'humanité aurait des années de retard dans tous les sujets si le calcul n'avait pas été inventé.

**Bonus !**

Merci de me soutenir et d'avoir acheté ce livre ! J'aimerais vous envoyer quelques cadeaux. Ils comprennent :

- La version digitale de *500 World War I & II Facts*

- La version digitale de *101 Idioms and Phrases*

- Le livre audio de mon best-seller *1144 Random Facts*

Scannez le code QR ci-dessous, entrez votre courriel et je vous enverrai tous les fichiers. Bonne lecture !

# Consultez mes autres livres !

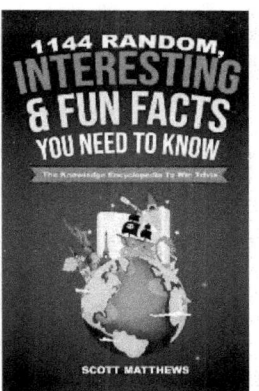

www.ingramcontent.com/pod-product-compliance
Lightning Source LLC
Chambersburg PA
CBHW050208130526
44590CB00043B/3137